我的青春我的梦
全国中学生校园美文精品集萃丛书

一字无题处，寻常野桥流水

让我陪在你身边

《中学生博览》杂志社 选编

时代文艺出版社

图书在版编目（CIP）数据

让我陪在你身边 /《中学生博览》杂志社选编. —长春：时代文艺出版社，2018.8（2023.6重印）

("我的青春我的梦"全国中学生校园美文精品集萃丛书)

ISBN 978-7-5387-5710-1

Ⅰ.①让… Ⅱ.①中… Ⅲ.①作文－中学－选集 Ⅳ.①H194.5

中国版本图书馆CIP数据核字（2018）第004373号

出 品 人　陈　琛
产品总监　郭力家
责任编辑　王　峰
助理编辑　史　航
装帧设计　李　斌
排版制作　隋淑凤

本书著作权、版式和装帧设计受国际版权公约和中华人民共和国著作权法保护
本书所有文字、图片和示意图等专有使用权为时代文艺出版社所有
未事先获得时代文艺出版社许可
本书的任何部分不得以图表、电子、影印、缩拍、录音和其他任何手段
进行复制和转载，违者必究

让我陪在你身边

《中学生博览》杂志社　选编

出版发行 / 时代文艺出版社
地址 / 长春市福祉大路5788号　龙腾国际大厦A座15层　邮编 / 130118
总编办 / 0431-81629751　发行部 / 0431-81629758
官方微博 / weibo.com / tlapress
印刷 / 北京一鑫印务有限责任公司
开本 / 700mm×980mm　1 / 16　字数 / 153千字　印张 / 11
版次 / 2018年8月第1版　印次 / 2023年6月第5次印刷　定价 / 34.80元

图书如有印装错误　请寄回印厂调换

编 委 会

编委会主任：刘翠玲　夏野虹　高　亮

编　　　委：宁　波　孟广丽　张春艳

　　　　　　李鹏修　苗嘉琳　姜　晶

　　　　　　王　鑫　李冬娟　王守辉

目　录

让我陪在你身边

当岁月远成一颗菜角 .... 宋只猫 / 002

那场吴侬软语的梦 .... 陈呵呵 / 006

毛豆豆与毛小豆 .... 范叶婷 / 011

为你买座大房子 .... 九祭禅 / 016

父亲的花生 .... 南　石 / 019

老屋·旧时光 .... 巧笑倩兮 / 022

一把葵花子和半块菠萝 .... 三三三 / 027

爸爸去哪儿了 .... 傻哈哈 / 033

父·子 .... 善　待 / 037

让我陪在你身边 .... 深　卓 / 041

"孤独"这两个字，人情味十足

"孤独"这两个字，人情味十足 .... 海豚同学 / 046

认真的人连刷牙都用力 .... 蒋一初 / 048

房子和书 .... 街　猫 / 050

每个少女的心里都住着一百头小鹿 .... 文星树 / 052

坚硬的你 .... 蒋一初 / 055

我们曾深爱过别人，唯独不知道如何爱自己 .... 曲玮玮 / 057

品尝夕阳 .... 巫小诗 / 060

这点小忙都不帮 .... 巫小诗 / 063

故乡，故人 .... 小妖寂寂 / 066

一只被温柔以待的绣花枕头 .... 小妖寂寂 / 068

最奢侈的心事给了你

最奢侈的心事给了你 .... 草帽儿先生 / 072

南风与你，悠悠我心 .... 阿 砂 / 076

狗尾草上的青春 .... 杜克拉草 / 083

她们的故事 .... 洪夜宸 / 091

谁是谁的一道风景 .... 画 眠 / 097

我的外婆葛娭毑

我的外婆葛娭毑 .... 李苏立 / 102

风色正好，风月无边 .... bottle / 106

一盒巧克力 .... 草帽儿先生 / 108

致最爱的你和最矛盾的你 .... 简墨绿 / 114

奇遇记 .... 琉 筱 / 118

月光光，照地堂 .... 米 程 / 121

藏在可乐里的爱 .... 沐 甘 / 128

纸哥哥 .... 颜　续 / 132

双人行 .... 三八四十一 / 140

那个疯狂的人是我

那个疯狂的人是我 .... 街　猫 / 144

我们都会遇到自己想要的明天 .... 洪夜宸 / 148

青春当头，总要发一次精彩的神经 .... 街　猫 / 152

喜欢这件小事 .... 蓝格子 / 157

给妹妹的信 .... 李阿宅 / 160

请你一直奔跑 .... 叶聪云 / 164

我做不好的事情，却那么想要 .... 多肉姑娘 / 167

让我陪在你身边

记忆中有一段特别的时光,就是在一棵大树下看爷爷奶奶摆摊,我坐在石墩上,他们忙碌的身影就是家。二十年过去,我从当时小小的人儿长成了大女孩儿。有谁知道这个大女孩儿当时还坐在一个竹筐里,爷爷的扁担一高一低,那头挑着金黄色的菜角,这头挑着小小的我。奶奶跟在后头,步子总是很豪迈。

当岁月远成一颗菜角

宋只猫

我十一岁那年，从A市到B市完成一次迁徙，所有不值钱的家具都被运回。家中用积攒多年的钱和四处筹借的钱回老家买了一间平房。那些家具当时五十七岁的奶奶一件也舍不得扔，那是她四十五岁外出打工时从B市带到A市的，如今奶奶六十五岁，它们还在我们家中坚守着。

二十年过去，我从当时小小的人儿长成了大女孩儿。有谁知道这个大女孩儿当时还坐在一个竹筐里，爷爷的扁担一高一低，那头挑着金黄色的菜角，这头挑着小小的我。奶奶跟在后头，步子总是很豪迈。

像大多数外出谋生者一样，没有房子，只能靠租。一间阴暗潮湿的老房屋，我至今都记得煤堆里的老鼠，看人的眼睛就跟要发射的子弹般可怕。大概是上一户搬出去的人家不大爱干净，这才留下黑乎乎脏兮兮的烂摊子。奶奶花了很长时间才把屋子洗干净，整理像样。现在想起来，一点也不记恨墙角的破洞。

生活条件艰苦，可是生活哪有因着艰苦就不继续的道理呀？

租住下来后，爷爷奶奶就开始摆摊，但是卖的不是菜角，是肉片（福建一种特色小吃），但是这地方的人吃不惯，挣不来钱。奶奶这才决定换门手艺——炸菜角。

白天，我年轻的父母要在工厂上班，根本没有时间照顾我。爷爷奶奶为了做生意很早就要起床，推着小板车穿过凌晨的大街小巷。我常常睡在竹筐里而不自知，头上是星星还是月亮，恐怕只有在梦里我才有可能知道。街上巡夜的老大爷经过，会问，这一带你们起得比谁都早，就不怕有坏蛋来？

奶奶说，不怕，我们没钱，坏蛋来了也没东西可以拿。

可起得早也能惹出麻烦。

有一次，一个一脸凶相的中年男人找上门来，用手臂差不多粗的木棍"砰"一下砸在小板车的身上，放得好好的鸡蛋接连掉在地上，啪啪碎了。

奶奶见此人来者不善，和蔼的脸一下子就怒了，用刚学起来的普通话狠狠甩过去，"你给我说清楚！干吗砸人东西"？

经过一番闹腾，这才弄明白原因。原来，奶奶每天早上在开张之前都要去一次公共厕所。那个男的是"所长"，其实就是他当年犯了法坐了几年牢被放出来，别的单位没人敢要他他就走了路子，当起了"所长"，别人来上厕所买草纸都要收费。偏偏奶奶每次去都是凌晨5点，看厕所的哪这么早起。用奶奶的话说，你人都不在凭什么要收我钱？我用你家草纸了吗？

一来二去，"所长"觉得没意思，再加上旁边的热心观众好言相劝，这才老大不乐意地回他的领地去。这件事，奶奶始终憋着气，那些破碎的鸡蛋谁来赔？

第二天奶奶还是照常雄起起气昂昂地去上厕所没给钱，好几次，她都想搬块大石头把茅坑的洞给堵了，让所有的屎冲不下去。

遇到这种事儿还是少的，奶奶说，遇见最多的还是假钱。一旦遇上一张假钞，一天的忙活就算是白搭。

有段时间，奶奶的菜角卖得特别好，颜色金黄口感酥脆，有蛋黄馅儿，花菜馅儿，芋头馅儿，吃过的人都爱吃。奶奶卫生也做得好，因此小摊前常常有人排着队买，络绎不绝。相比之下，摆在旁边的甘蔗车子就显得寂寥许多。

生意这么好，营业额肯定噌噌噌往上涨，可不对呀，奶奶算了算，这钱怎么没涨反而亏了呢？连着两星期，奶奶都揪着爷爷的耳朵大骂，你个没用的东西，又找错钱了！

终于，摊对面那家工厂来了一对夫妇，女的悄悄告诉奶奶，阿姨啊，你要小心旁边这个卖甘蔗的女人，她趁人不注意偷你们家钱，我跟我爱人在楼上可是看得一清二楚的！

爷爷这才沉冤得雪。

奶奶听后极其震怒！一天中午，她大着嗓门儿故意当着一群老大妈的面说，胆子这么大，这要是被我抓到，一把菜刀剁了她。

老大妈们说，剁了她剁了她。

后来，旁边卖甘蔗那女的再也没有出现过。

生意不断，起早贪黑不断。随着时间越来越久，奶奶的普通话也越来越溜。

有样学样，大树三十米外有座桥，很快，桥上就有了另外一家卖菜角的摊儿。人们兴许都吃惯了奶奶做的菜角，照旧排着长队。可那家摊主不乐意了，把原先五毛一个调成了四毛一个。调就调吧，奶奶这么想。她还傻乎乎地去跟人家摊主老婆说，你们这样不行啊，本来赚得就不多，还是调回来吧，一起卖五毛。

摊主老婆当着老人家的面"嗯嗯"应得特好听，笑得也特客气。想不到，一转身就跟她丈夫换了套说辞，硬说奶奶不让她摆。

她丈夫那个气，说要带人来闹。

奶奶撸起袖子，还没等人家来闹她就先上门了，颇有架势地说，有本事先把你媳妇找来，我跟她对质。胆子这么大，你让她摸摸良心告诉你，究竟我这个老太婆是怎么跟她说的！

当时，对方差点就要把凳子砸过来，好在还是让人拦了下来，最终双方的误会才得以化解。

后来，我问奶奶当时怎么没找块大石头把"所长"的茅坑给填了？

奶奶意气风发地说："还不是你爷爷拦着我。"

我又问，他都来砸东西了你怎么还敢去？他不是还蹲过牢吗，你就不怕中他埋伏？

奶奶说，蹲过牢怎么了？他有本事就再进去。

听奶奶说，她还借过"所长"五十块钱呢，就像她说的蹲过牢怎么了，蹲过牢人家也知道还钱哩。

奶奶说起这些时，眼里眉梢都夹着细细的皱纹。

她对我说又像是对自己说，不知道那些人都还在不。

末了，还掏出一张从香烟盒上撕下来的纸片儿，上面有一串号码，是一个捡破烂的阿婆给她的，说舍不得她走。

联系方式还在，这么多年，却已然成了未拨出的那份念想。就像，我知道奶奶跟我一样，时常怀念起过去那段艰涩无比，却又生动无比的岁月。

我称它，菜角岁月。

那场吴侬软语的梦

陈呵呵

我曾独自远赴石家庄求学,在手机里用方言和好友抱怨学校没有单间浴室。

室友扑过来说:"你说的是温州话吧,真好听,虽然我一个字也听不懂。"

不禁哑然,温州话确实难懂,但我却从不知她悦耳动听,直到爷爷去世后。

虽然家中有老人,我却从没刻意去学过方言,因为我有爷爷,他听得懂我说的普通话。

小时候有段时间我是跟爷爷奶奶住的,我是家中长子长孙,虽然是女孩儿,可爷爷奶奶一点儿也不重男轻女。我印象最深的是家里那辆早就报废了的二八自行车,爷爷骑着那辆老爷车载着我听过无数场戏,其实我对听戏并不感兴趣,真正勾住我的是卖零食的小摊。

五毛钱一瓶的玻璃罐装的豆奶,五毛钱一根的棉花糖,或者五毛钱一个的冰淇淋。

在那时五毛钱对我来讲就是很多很多钱、能构成我圆满一天的九十年代初,爷爷用他并不流利的普通话努力跟我解释台上咿咿呀呀夹杂着方言的越剧演员们在唱什么,即便我脑子里满是"哪里能买到她们好看的衣服和簪子"。

后来爷爷卧病的那几年，我曾推着轮椅带他去听戏，但他总说身体吃不消，所以一次尝试之后就只剩我和奶奶了。可我听不懂方言，奶奶又不会讲普通话，久而久之便也没去了。索性搬了竹椅和奶奶一起坐在爷爷床边陪他一起听温州鼓词或者看电视，然后爷爷又开始了他阔别已久的翻译工作。

这样的日子，持续的时间并不长。

我高中上的是寄宿学校，一个月才回家一趟，所剩不多的休息时间不是在做题就是上网和论坛的朋友们闲聊联络感情。

大一的某天，妈妈跟我说："去看看你爷爷吧。"

那个我曾经一赖就是一整天的房间，爷爷侧躺着在睡觉。我印象中可以把我举起来架在脖子上的爷爷，竟瘦得只剩那么一把骨头，蜷在硕大的床上，即便是大热天还是盖着厚厚的棉被。

似乎是听到了动静，爷爷有转醒的迹象，我凑过去说："爷爷，我回来了。"

爷爷迷迷糊糊点了点头，又昏昏沉沉睡过去。

我扣着掌心，红了眼圈。

没多久后的一个夜晚，我在学校宿舍接到妈妈的电话。通话结束后我伏在桌上号啕大哭，室友问我怎么了，我抱着她边哭边问："我没有爷爷了，怎么办？我爷爷没了。"

记忆中爷爷带给我的记忆都是带着馨香的甜味的。幼时曾央着爷爷带我下田农作，结果秧苗被我毁得乱七八糟，奶奶训斥我糟蹋农作物，末了又怪爷爷太宠我。爷爷却权当没听见，丢下工作不知道从哪儿变出一瓶汽水哄我开心，我便擦了眼泪乖乖吸着汽水坐在田埂间等着，掐着指头算什么时候结束爷爷就可以带我去听戏。听隔壁小盛说那里有卖一种奶瓶糖，又好玩又好吃，虽然那会儿我满口蛀牙，导致妈妈特意写信叮嘱爷爷奶奶别给我吃甜食，但只要我装可怜爷爷一定会瞒着奶奶偷偷给我买。这一点，我相当笃定。

小朋友的认识就是如此浅薄，谁给我买吃的谁就是对我最好的人，所以那时候我认为全世界对我最好的人就是爷爷了。

可就是这么好的爷爷，却动手打了我，那是我印象中爷爷第一次也是唯一一次对我动粗。

时隔多年，我已经忘了事情的缘由，却记得当年的小陈姑娘心很伤也很累，哭着喊完"我讨厌爷爷"，就背了爷爷买的美少女战士书包离家出走找妈妈去了。那时候妈妈在邻镇的一家纺织厂工作，从我家到那里要经过一条小河，河上两块长条形水泥石柱搭就的简易桥梁又陡又窄，两边还没有护栏。以前就算是爷爷奶奶牵着我走，我都会怕得捂上眼睛，甚至好几次做梦梦见自己掉进那条河，那窒息的逼仄感我至今仍记得。

吃完一书包的零食给自己壮胆，凭着一时意气走到一半后，勇气却被桥下湍急的水流冲得干干净净无影无踪，不敢往前走也不敢往后退，更不敢站着怕被风吹到河里，只好趴在桥面上等人经过捎我一程。结果天越来越黑，却没有一个人经过，所以小表叔在晚霞漫天里找到我时，我正趴在桥上哭得昏天暗地。

我一边哭着一边抱怨说："你怎么才来啊，我眼泪都流到额头了。"

最后的结局是我趴在小表叔背上哭睡过去，嘴里还念叨着"爷爷坏，不回家，找妈妈"。

长大后小表叔不止一次拿这事笑话我，说我哭得跟刚从河里捞出来似的。而我也是很久之后才知道，我书包里鼓囊囊的零食全是爷爷让奶奶给我装的，怕我路上饿。爷爷也知道我不敢独自过河又怕我初生牛犊不怕虎硬闯，就偷偷跟在我后面，后来见我趴在桥上干哭不起来也急了，又拉不下脸来抱我，正巧小表叔放学经过，就托了他的名义把我带回了家。

那之后，我还跟爷爷冷战了好几天，直到镇上又来了戏班子。就在我急得抓耳挠腮，又赌气不想求爷爷的时候，那辆熟悉的二八自行车又出现在了我眼前。

　　"还不上来，赶不上开场没糖吃别怪爷爷。"我们这里的习俗，戏开唱第一天会分糖。

　　积攒了好几天的不愉快，就这么在几颗印着猫咪头像的阿咪奶糖的诱惑下烟消云散了，我欢呼一声任爷爷把我抱起安放在高高的横杠上，牛气哄哄地举着胖胳膊喊着出发。

　　关于我的专属座位——那条笔直的黑色横梁，它承载的不仅仅是与爷爷有关的童年，还有某个别人看来或许可笑的、执拗的梦想——我曾和爷爷说，等我长大了绝对不要他抱也能轻松坐上去，而不论是我还是爷爷，终究都没能等到那天。

　　送爷爷走那天，我抱着爷爷的遗像站在老屋外，看长辈们进进出出，看烟花鞭炮在耳边炸开，看管乐队演奏着成年不变的曲调，看扶着棺木哭得站不起来的奶奶被姨婆搀出来。

　　看天空最后一丝黑暗被太阳抽干沥尽，从凌晨开始到现在，天终于亮了，一切也将归于沉寂。

　　爸爸拍了拍我的肩说："走吧，送爷爷走吧。"

　　我低头看了看怀里爷爷的照片，是他刚卧病那几年拍的，比起走时的憔悴，照片上的爷爷精神矍铄，即便在病榻上一躺就是十多年，也丝毫没磨灭他的笑容。

　　乐观，一直是我认为我们家所有基因中最伟大的遗传，从爷爷，到爸爸，再到我。

　　丧礼结束后，家里安静了许多。

　　曾经，爷爷的房间总是传来电视机运作的声音。

　　如今，爷爷走了，奶奶还是会看电视，但只挑武侠片看，我问为什么，她说打打杀杀的有看头，其他剧都是对话她听不懂。

　　奶奶说这话时候，在她不再清亮的眼中我看到了落寞，我想她和我一样，也想爷爷了。

那是第一次，我记忆中爷爷讲的吴侬软语是如此动听，平仄转折间尽是让人怀念的味道。

隐隐约约的，好像听见了幼时爷爷教我念的温州童谣《问姓谣》：姆姆，你姓尼？我姓金。阿尼金？黄金。阿尼黄？草头黄。阿尼草？青草，阿尼青？万年青，阿尼万？糯米饭。阿尼糯？果老糯。阿尼果……

一直以来我都希望自己能讲一口流利的普通话，所以从小到大能用普通话表达的我从不说方言。于是渐渐的，这曾经伴我长大的吴语，竟像透过梦境抵达现实一般让人手足无措。

我对奶奶说："我会好好学温州话，然后像以前爷爷给我们当翻译一样，翻译给你听。"

奶奶却笑言我这方言水平她有生之年估计是听不到了。

"所以，你不要和爷爷一样那么早离开我，好不好？"

我翘起小指勾了奶奶的小指，掰着她的大拇指印上我的。

奶奶问我做什么，我笑着说："我当你同意了，我们来拉钩。"

奶奶有些莫名其妙地抽回手，说自己困了要去睡觉。我望着她日渐佝偻的背影笑得双眼微醺——奶奶，抱歉我耍了诈，我知道你听不懂普通话。

可你要相信，我爱爷爷，我也爱你。

毛豆豆与毛小豆

范叶婷

正烦躁于这道该死的物理题到底是匀速还是变速时，手机铃声的适时响起让我瞬间脱离苦海。

"喂！"

"你在干什么呢？"

"和物理书大战。我就要被劝降了。"

"哦，你之前一直和我说过你喜欢的那韩流明星叫什么来着？"

"Beast啊！你终于开窍啦！你也要喜欢他们了吗？！"我的兴奋模式瞬间被唤醒。

"并没有，我挂了。白白！"

"别！听我说啊……喂！"

……

气死我了！我真想拿手机拍扁她脑袋！

该怎么介绍这位讨厌的大神呢？好吧，怎么说我们也是十六年的交情了，不拐弯抹角就是一句话——她是毛小豆的姐姐毛豆豆，我是毛小豆。

毛豆豆的七岁

可爱的毛小豆出生。顺着毛豆豆的小名，小豆一出生就注定得叫小豆。这名字是多么的无聊，我真搞不懂当初毛豆豆为啥要叫毛豆豆。

毛豆豆和我说过关于我的出生。她说那天她放学回家，家里一个人都没有，她就出门找小伙伴玩耍去了。然后舅舅"风尘仆仆"地找到小伙伴家。（这里必须得用"风尘仆仆"才能具体形象地表达舅舅找到她费了多大劲！）然后又火速赶去了医院，她终于看到了那个待在妈妈肚子快一年的生物了。

"怎么这么丑啊！和我一点儿都不像！"她说这是她第一反应。

听到这个我差点没岔过气，"你这么貌美如花的妹妹当然不可能和你像啦！"

……

总之，从毛豆豆的七岁起，她的青春就开始出现了一个戏份不多却始终存在的忠实客串者——毛小豆。

毛豆豆的十一岁

"妈，姐又打我！"我哭红的小脸真可怜。

"毛小豆！你再恶人先告状！"

"豆豆，让着点你妹妹！我正忙着呢！你俩都不许吵！"

毛豆豆那段时间真讨厌。一天到晚不是看偶像剧就是往外跑。不陪我玩溜溜球，不和我一起看《东方神娃》，有什么好吃的都要和我抢，出去玩还不带我，最过分的一点是——每次在大人面前就挽起衣袖"炫耀"和我打架时负的伤，然后大人们就会如她预想般夸奖她"豆豆真懂事啊，知道让着小豆"！

只怪当时我太小，现在只能对毛豆豆施以白眼了。"哼！你们是没看到她和我抢起电视来的那股泼辣劲儿！"

……

总之，毛豆豆和毛小豆从小就没办法和平相处，每天打仗次数比吃饭次数还多的传闻都不是假的。

毛豆豆的十六岁

毛豆豆十六岁以后和毛小豆的相处似乎变得和谐多了。这是为什么呢？

因为她心里有鬼。

那会儿暑假时，毛豆豆后母变亲妈，竟然主动提出带我出去玩。她和妈妈说带妹妹去图书馆，因此还受到了妈妈的强烈表扬。

然而，每次她把我带到图书馆的儿童区后就自己消失了，要不是看在那里有滑滑梯有帅气的小哥哥我才不愿意一个人在那儿待一下午呢！

我走出儿童区看到毛豆豆，还有，她身边的高瘦男。毛豆豆尴尬地向他介绍我，那语气那举止……我打赌要是高瘦男看到毛豆豆和我打架时的样子肯定一辈子都不再想理她！

回家路上毛豆豆说："你还想出来玩的话就不许告诉妈关于我同学的存在！"本来我是不想屈服的，可想到和小哥哥约好明天要一起玩摇摇车，我只好违心和毛豆豆一起保密。

毛豆豆的十九岁

毛豆豆要去别的地方读大学了。走前毛小豆难得煽情地说了"很舍不得"之类的话，毛豆豆也煽情起来，她竟然说："我会想你的，毛小豆！"

　　是的呢，谁都不知道，毛豆豆走的那天早上，因为她的最后一句"我走啦，你好好读书！"毛小豆偷偷地迅速抹走不听话的眼泪，还好谁也没发现，不然这将是一个多么劲爆的新闻啊：喊了这么多年"不想看到毛豆豆"的毛小豆竟然因为毛豆豆要走而哭了！

　　只不过是毛豆豆不在身边了嘛，只不过是再没人陪她大晚上偷偷跑出去买辣条了嘛，只不过是再不可以像小时候那样随时吵架了嘛……为什么毛小豆越安慰自己反而越忧伤呢？！

毛豆豆的二十二岁

　　"毛豆豆，我想吃北方正宗的冰糖葫芦！""带不了，火车暖气太热，会化。"

　　于是，我如愿吃上半化了的冰糖葫芦。

　　"毛豆豆，我被表白了！"

　　"哪个男生瞎了眼啊！"

　　"闭嘴！他说我又漂亮又淑女。"

　　"这种花言巧语的男生坚决不能要！"

　　然后，我被逼问了一整晚……

　　"毛豆豆，支付宝账号借我用下。"

　　"买啥？"

　　"Beast的新专辑，我给你充话费！"

　　"你钱多啊！不借，坚决不能让你挥霍！"

　　最后，我成功买上专辑，代价是我得偷偷给她寄家乡的酸枣糕。（刚吃完妈妈给她寄的泡爪，这个大吃货又想……要是大人们知道了，她高大上形象瞬间就……）

此时的毛豆豆和毛小豆

毕业后开始工作了的毛豆豆似乎真的变忙了很多,马上高二狗的毛小豆依然悠闲地过着。

想起前几天和一个失恋的朋友聊天,她说:"我不难过,我有大白,他可好了,好的坏的我都可以和他分享。他从不会抛弃我。"没想到我竟脱口而出:"我姐就是我的大白!"是啊,朋友说的那些大白的特质似乎在毛豆豆身上都存在。有好的总是先和她分享,坏的也会有她一起分担。这么多年来尽管毛豆豆会和我吵架会和我抢东西,可就像《破产姐妹》中Max和Caroline一样,就算彼此吵得再凶,也不允许别人说一句。

姐姐的少女时代已经远去了吧,真开心她逝去的青春期中始终有我,我不是主角甚至连配角也算不上吧!但,我始终是最忠实的客串者,她需要时就出现,应该出现时就出现,有时不该出现时也会乱入。

第一季时Caroline对Max说过:"You give me everything!"总是莫名觉得这句话,毛豆豆之于毛小豆同样适用。

为你买座大房子

九祭禅

小时候最爱玩的游戏无非是坐在你的脚上让你荡起二郎腿，我会紧紧地抱着你的小腿让你再荡得高点儿。你喜欢问我："闺女，长大后赚大钱了还会爱爸爸养爸爸吗？"

"当然啦。"我大声说，仰头沉思了一下脆生生说道："我还要给你买座全世界最大最大的房子！"

这个承诺我不知道你还记不记得，但十几年来我都铭记于心。

我从不喊你爸爸，一口一个名字。这个习惯也没有什么特别的故事，只是周围人那么喊，我从小也便这么喊了。你的名字里带有一个"飞"字。加上你瘦弱的身躯，以及从小缠身的疾病。那些从小和你长大的朋友给你取各种令我厌恶至极的外号。然而那时的我不懂事总爱围着你转嘴里叫着你的外号。这似乎没什么不妥的，但是每次老妈听到我这么喊就会板起脸严肃地警告我。我就委屈地藏身于你的身后。你一直都笑笑的，也许你的眼神会染上悲伤，只是我从未发现。

长大后我便失去了最安稳的"秋千"，你也不再问我"等你长大后你还会不会……"诸如此类的问题了。因为你繁忙的工作，我枯燥的学业，一天的对话无非那几句。我固执地认为女孩儿应该跟母亲更加亲近，所以我会和老妈说很多很多贴心的话，对于你却从来只是缄默。那些童年时期你如孩童般伴我玩伴我闹的场景一夕之间似乎全部陌生。有时睡觉时会莫名梦到许久以前的事。你载我去兜风，嘴里还唱着"大头女儿，小头爸爸……"诸如此类被改了歌词异常难听的儿歌。

　　再大一些时你和妈妈分隔两地，我夹在你们中间周旋不定。但我更喜欢去老妈那儿，因为我们相处得更加自然。唯一一次去你工作的城市时，我像累赘一样跟在你身后看你在上司同事间来回奔波，坐着一辆租来的小汽车带我忙碌往返。我嚼了一条又一条口香糖，看了一张又一张报纸。却始终不说我很烦我晕车我想回家之类的话。因为我知道你也很累的啊。

　　就算做不了你的小棉袄，我也想当你的暖宝宝。

　　夜幕降临后你终于有时间带我去欣赏这繁华城市的妖娆夜色，去看炫丽灯光的音乐喷泉，去坐闲致文艺的画船游舫。我在船上凝望着远处灯火辉煌的宫殿，享受难得的父女温情之余，忽然想起儿时对你的承诺，给你买座大房子。

　　我突然莫名觉得自己不争气。我不知道自己是否能实现这个承诺，那时的我成绩上下摇晃不定，秉承着"学习好方能定天下，读不好就没有好未来"的传统观念。总之读不好书就赚不了许多钱，就不能给你买房子了。

　　你没有注意到我的沮丧。我们来到购物天堂，但什么东西也没有买。最后我看上了一套无比可爱的棉织外套，服务员的"六百三"却直接让我的笑容僵住，但我没有缠着让你给我买。不记得是什么样的尴尬退场，只记得你语气里悲凉的味道。

　　你说，这就是大城市啊。闺女，好好读书，到时候多贵的衣服也不愁了。

　　我默默地点点头，为你尴尬的笑容而心疼。

　　回去时你为我买了许多书，你懂这是最能让我欢喜的。我们就坐在江边抱着大包大包的书，吃着又干味道又淡的面包。我第一次和你说了好多好多贴心的话。关于未来，关于梦想，关于生活……

　　你晚上是睡在集体宿舍里的，而我则被安排在对面的女生宿舍里。你不好意思地说让我将就一个晚上，我点点头乖巧地答应了。

那时正值三伏天，夜晚的潮湿闷热把我压得透不过气来，后背已经被汗湿透。但我睡的床一动就会嘎吱响，更何况我身边还躺着两个女生，于是我只能僵硬着姿势，不敢翻身。炎热透进我的眼眶，忽然大滴大滴沉重的泪就砸了下来。不知是为什么，也许是因为看到你如此辛苦劳累地为生活奔波而心疼。是的，很心疼。

你在外地奔波了一年半后终于回来了。大人的事我并不懂，但还是能看出你为了新房子的事愁容满面。你为这件事情到处忙，然而新房子的事却迟迟没有拉开帷幕。我看着你紧锁的眉头，疲倦的面容，早出晚归一身粉尘，看你受尽生活的磨难却只能怪自己不懂事不争气，帮不上一点点忙。就算只是小小地关心你一下，让你注意一下身体也好。

虽然生活不易，但我想我还是幸福的。你和妈妈重归于好，你的脸上也逐渐露出笑容的影子来。只要你幸福了，我也就快乐了。

不久前看到一篇文章，里面的一句话瞬间戳中泪点——

父亲在的时候你觉得他是井里的青蛙，而当他离去时你才发觉你的天都塌了。

我想我是应该喊你爸爸了，虽然爱意都是一样满满当当的，但我想你会高兴的。

在外婆家时你对我说："闺女啊，要好好读书，这样爸爸走出去就有面子了，人家也不会随便指使我开我的玩笑……"

"人家只会喊，飞啊，飞啊，过来喝杯茶啊。"你眼里充满希冀。

我笑着说："会的，一定会的。"

爸，如果你还问我待我长大后还会不会爱你之类的话时，我一定会说，爱，很爱很爱你。

等我长大，我要为你买一座房子，也许不会很大，但足够温暖。我们一家住在里面。

这段时间不长，你一定不会长出白发来。

父亲的花生

南 石

入大学来,这是父亲第一次来看我。临行前,他让邻居给我打了电话,告诉我什么时候到。我心道好险,幸亏他先打了电话,告诉了我一声,没有直接摸到学校里来,要不然他那身庄稼人打扮跟一口土话肯定会让我在同学们面前抬不起头。农村的孩子,在城市人面前总要小心翼翼地维护自尊。

父亲到站那天,我早早地去了车站接他。可偏偏那趟火车晚点。我在候车厅来回踱步,越等越心急。终于等到火车到了站,出口先是出来一两个人,紧接着人流就涌了出来。我在攒动的人头中寻找那个熟悉的面容。

忽然父亲熟悉的身影闯进我的眼帘。他背着一麻袋东西,稍佝偻着背,依旧是那身下地干活的衣服,左顾右盼地找我的样子。我赶紧迎上去,边喊他边要从他身上接下袋子,他急忙嚷道:"别,别。别接,这上面尽是土,弄脏了衣裳。"我一摸是花生立刻不耐烦地说:"你大老远地背这个来干什么?""嘿!你从小爱吃这,咱自家地里长的,也拿给你们同学尝尝鲜。"我有点儿烦躁:"哎呀,现在谁还稀罕这个呀!咱快走吧。"

我带父亲到学校附近的招待所开了一间房,让他歇一歇,然后又给他买了午饭,嘱咐了几句就匆匆回学校了。既然父亲来了,索性就请一天假带他到处转转吧，正好最近做兼职挣了些钱，可以让他看看这大城市。

回到学校吃完饭，正巧老师召集班干部开会，我慌忙赶去教室，刚坐下老师就讲开了。其实也没什么实质性的东西，就是一些假大空的领导指示。我强忍着性子听着，终于熬到结束。我连忙叫住马上要走的老师向他请假，老师听说了情由倒是挺支持，说让我带父亲好好转转，只是回来要把落下的课补上。我满口答应。

再次回到招待所已是下午三点多，心想这时候也去不了哪儿了，再说出去很容易遇见同学，还是明天起个大早再出去吧，我给父亲买了饭又回到学校。

第二天早上，我早早地到父亲住的招待所去，他早就起来了。正想说带他出去逛逛，他却先开口道："闺女，我走了，我看你学习也紧，我也没啥事，就来瞅你一眼，就不在这耽误你学习了。"我说："我学习不紧，我今天特意请了假带你到处去看一看。"父亲一听赶忙道："看啥哩，这大楼大路有啥好看哩，净花钱，我要走啊，家里地里还有活哩。"我执意不让他走，他有些急了："你这闺女咋不知过日子哩，那钱又不是捡来的，这房子住得多贵，我走了，回去跟你娘说说你的情况就中咧。"

我见他执意要走，也没法，就带他去车站买了票。临上车时，父亲说："花生还在住的地方，你带给你同学吃，还有，你娘给你做的鞋也在那个包里，还绣花了哩，你得穿啊！"我一边心不在焉地胡乱应着，一边催促他快点儿上车，心想那土气的东西哪能穿啊。父亲回头看看我，有点儿落寞地摆摆手让我回去，很快他就湮没在上车的人群里。

送走父亲，我又回到了他住的招待所里，看到那一大包花生还板正地放在床头，心里一边埋怨父亲多事，一边费力地把麻袋往宿舍拖。室友见我一早出去，没多半晌便拖回来个大麻袋都很好奇，叽叽喳喳地问里面是什么。我支支吾吾地说是老乡给捎来的花生。没想到她们听了很兴奋，大家七手八脚地去解口袋。

突然上铺呀的一声，说："这鞋子真好看。"隔壁床凑过去也说道："啊，真是的，还有绣花呢。"
　　我一回头看见一双黑布红花的布鞋正被她们拿在手里研究，才想起父亲临走时的唠叨，我拿过来仔细端详，娘做的活，红花绿叶绣得很新鲜，鞋帮绱了一排细细的针脚，摸着麻酥酥的真舒服。一瞬间，今日场景幕幕重现，父亲的背影又出现在眼前。我心里的面具轰然崩塌，那点儿感动瞬间被愧疚湮没，泪水不禁夺眶而出……

老屋·旧时光

巧笑倩兮

离家在外的我，又一次梦回了那座我们一家生活了十几年的老屋。在QQ上矫情地发了个状态，平时都不爱搭理我的老妈居然第一个回复了我：有点奇怪，我也经常梦见老屋那边的一些事，很少梦到新家这边。

原来不止我一个人有这样的感觉！因为，我深知那座在九十年代初老爸用一年三百租金租来的二层小楼，对于我们一家的意义。它虽然只有破旧的木板床、灰扑扑的阁楼小窗，还有杂物间里的蜘蛛网，可是，它是我们最初的"家"啊！父母的关爱、姊妹的陪伴，十年来，它给了我最初的"安全感"。

糖 果 屋

老爸把老屋的第一层开辟成了小卖部，并用自己从老中医那学了两年的医术开了一个小诊所。小卖部里永远有最时兴的水果糖和甜瓜子，它构成了我记忆中"香甜"的味蕾；可是老妈却一概不许我和弟弟妹妹多吃哪怕是一块巧克力或者小蒸糕。大人嘛，总是以"吃了要长虫牙""瓜子吃多了长不高"一类的理由来搪塞我们。

我记得当时小孩子最喜欢吃一种叫小当家的干脆面，他们经常跑到我家来花五毛钱买一包,而我却苦苦守着橱窗里的干脆面望"面"兴叹。有好几次我跟妈妈提出要求都被她毫不留情地拒绝了。不过,她深谙得孩儿心的道理,每年大年初一会破格让我们吃上一包,也算慰藉我们对方便面的虔诚了吧。

我们当时心中其实真是颇有怨怼,并不能理解老妈不让我们吃零食的良苦用心。长大后逐渐了解食品添加剂的危害之后,才暗自后背发凉:还好当时老妈管住了我的嘴巴!

不过也偶有例外,如果我语文和数学考了双百分,就可以任选一种零食作为"嘉奖"。但这样的情况毕竟很少,绝大多数时候,我只能对自家的"糖果屋"抱以希冀,并暗自发奋努力,以便能尽快得到下一次的奖励。

藿香正气水

如果说"糖果屋"留给我的第一印象是"甜",那么相对而言,夹杂着浓密中药味道的小诊所则是我对于"苦"这一味觉的最初来源。

我们姐弟仨都很少生病,大概也是因为老爸是乡间"赤脚医生"的缘故吧。藿香正气水就是家庭小药箱的镇箱之宝。不论是头疼脑热还是消化不良肚子痛,老爸的回答必然是:"去拿一支藿香正气水喝吧。"

藿香是中餐里较重要的原生态调味剂,如果是吃小面的时候放一小撮藿香叶是最好不过的,带着几丝田园的香气。可这就是我最不能理解的地方,那么香的味道,怎么到了中药里,就如此不堪入口呢?

"是药三分苦!"老爸苦口婆心。那我还能说什么呢?

仰起脖子,药水在喉咙上一"骨碌"下肚,那刺鼻的苦味啊,在肠胃里打了好几个转,依旧不肯散去,跟"余音绕梁,三日不绝"有的一拼。

而每当这时,老妈往往会从小卖部的糖果架子上拿一颗大白兔奶糖，让我含在嘴里，这也算是我独立吃药的奖励了吧。

"先要吃了苦，舌头才能尝到甜。"老妈摸摸我的脸，"这是个人生大道理哦！"

肉食喂养

那几年，我们家的经济条件比较清苦。不过，我却并没有那些关于吃饭穿衣的苦难记忆。一日三餐必然少不了一顿有肉，听老爸说，老妈有一回做回锅肉，对面山坡上的人后来就问他，说你们家在吃什么呀？那么香！可见我们家的伙食水准那是"香飘五里"了。

乡下没有固定卖肉摊点，大多是由伙计挑着，走街串户地叫卖。每天一早，他们必定要在我家门口停下，因为他们知道，我们家是最大的"潜在客户"。那时候肉是五块钱一斤，排骨和猪肚则价格更高。大伙儿都围过来，老爸便嘱咐我拿个盆跟他一起出去，说今天要买几块排骨炖汤喝，要新鲜点的呀！

于是马上就有人羡慕地说："呀，你们家的伙食真是好哇，三天两头地买肉吃！"

爸爸会面带笑意地看我一眼说："家里小孩子多，正在长身体，要吃好点嘛！"

于是，我认为每天吃肉应是一种常态，以至于后来我无肉不欢，这就是久而久之在家里被爸妈宠出来的毛病。直到妹妹上了大学，跟我说起，她们寝室的同学回忆起童年时，竟然很少找到肉的踪影。我这才知道，爸妈十几年如一日的"肉食喂养"是多么难能可贵！

回锅肉、粉蒸排骨、溜肥肠、酸菜鱼，不仅是老妈的拿手好菜，更是对我们，最深切的爱啊！

门前那些挑着担子卖肉的屠夫不知从何时就渐渐地淡出了我的视线，不过当我一次次从他们手里接过爸爸买好的肉时，邻居小伙伴们艳羡的目光却一直挥之不去，渐渐心里生出骄傲来：我的父母，他们从不跟我们提维持生计的艰难，却是如常地让我们吃好穿好用好，让我们的童年毫不逊色，他们的爱是多么真实啊！

新 房 子

其实，我从没觉得老屋是租来的。因为我们一家已住了好多年，而且也许我们还会继续住下去。而当邻居家的小孩拿着木棍把我们姐弟三个挡在外面，不让我们去参观他们新楼房的时候，我才真正明白了"租"和"买"的真正含义。

说巧不巧，爸爸也正好撞见了这一幕。自己的孩子受辱，他心里一定是不好受的吧？他厉声把我们叫回去，并把我们狠狠地批评了一顿，问我为什么不在家里学习，把弟弟妹妹带到别人家去玩？

我委屈地说："我只是想去看看他家的新房子。"

爸爸沉默了很久没有说话，看得出来他很受伤。

良久，他开口了："放心吧，我会给你们一个真正的家！"

一旁的妈妈听了这句话，似乎很激动地看了爸爸一眼，并没有过多表达。现在想来，她心里一定是高兴的吧，因为爸爸从来没有过"食言"的不良记录，他说过能做到，就一定能够做到。这就是承诺，我想。

而到现在我都没有想明白，同样是五六岁的小孩子，该有多深的隔阂才会拿着木棍把从前的朋友都挡在门外？或许他们觉得，平时我们备受父母关爱而他们却是被打工在外的父母留守在家，而当他们的父母拿出钱来盖好了新房子，而我们却依旧租住着破旧的土楼，所以小小的童心上总算有些可以倨傲的资本了吗？

在我上初中那年，爸爸终于兑现了他的诺言，在镇上的开发区买了一套房子。

搬家后的第一个晚上，他打开一间小卧室的灯，告诉我和妹妹，"这是你们姐妹两个的房间。"

爸爸说可以邀请小伙伴们来家里玩,不要把任何人挡在外面。他很早就在我们心里掐灭了有可能引发隔阂和仇恨的种子。

他是要让我们相信,这个世界的一切美好吧。

老屋从此就彻底隐退在我们的身后。可那些星星点点地积攒起来的温情画卷,却一直留在我的心里,连同那些旧时光,一直崭新如昨天。

一把葵花子和半块菠萝

三三三

外婆已经瘫痪在床两年了,从2012年到现在,并且身子越来越弱,已经丧失了语言能力,接近植物人。

没有人知道外婆这两年是怎么熬过来的,2007年外公胃癌去世,同年外婆的身体每况愈下。

1

外婆年轻时候的照片我见过,那个时候没有彩色照片,可就算是黑白的照片也难以掩盖外婆眉宇中的那份英气,利落的齐耳短发,一看就知道很能够操持家务。

我上初中时每周都会踩着一个小时的自行车到外婆家,有时候是和母亲一起,有时候是自己,整整三年,没有间断过。

外公喜欢养花,整个院子都摆满了盆栽,书架上也都是花卉养殖一类的书籍。我每次到外婆家里的时候都会蹲在那些花花草草面前摸摸这个,看看那个。外婆不识字,却知道每一朵花的品种。

婆媳不和是中国自古不变的话题,不识字的外婆却很懂得人际关系的处理,舅妈要什么就给什么,从来也不计较任何。

"在学校千万不要和老师顶嘴,老师教课你要努力听。"

每次在外婆家，总能够听到这种话，不过我一点儿也不恼火，因为外婆每次说完都会给我拿出来一些母亲舍不得买给我的零食。

那个时候奥利奥还没有卖到接近五块，还有鬼脸嘟嘟。外公每次到城里看我时带过来的都是肉，烧鸡，红烧鱼。但是外婆却清楚得很，"她不爱吃肉，喜欢吃点零食。"

外婆来看我的时候我总能吃上鬼脸嘟嘟，奥利奥，哦，还有康师傅3+2。

不过这些都不比那一把葵花子来得更加让人兴奋。

外婆在屋后种了几棵葵花，从成熟的时候开始，每个周末我从外婆家离开的时候都能带着一盘葵花子走，放在自行车筐里，在土路上跟随车子的晃动上下跳跃，看得人满心欢喜。

我从外婆家带走的那一盘葵花子永远都是最饱满、最大的一盘，拔出一颗瓜子还有些涩涩的香气，轻轻嗑开，舌尖一挑，咬碎了，整个嘴巴里都是香气。

店里卖的瓜子都是炒货，没有原始的那种香气，外婆知道我喜欢总是给我留着那盘最大的葵花子。

舅妈身边有两个女儿，一个大我两个月，一个小我三岁。

我总是到外婆家去的原因也是因为有她们陪我玩，城里的邻居总是不爱说话，甚至我都不知道他们家里是不是有同龄的孩子。

"把这个放在车筐里。"外婆顺着蜿蜒的小道从后院出来，怀里捧着两盘葵花子，我眼前一亮却又被表姐和表妹拽走了，她们说旁边的菜地里有好玩的虫子。

回头看了一眼外婆，她正在踮着脚尖把那两盘葵花子朝我的车筐里放，没有在意我已经跑远了。

玩够了回来的时候，车筐里的葵花子已经不翼而飞了，没有作声的我溜进了外婆住的主屋："怎么没有葵花子了！"

丢下了手里正在切菜的刀，外婆朝院子里跑去，车筐里突然又多出了两盘葵花子，不过根本不是我刚才看见的那两个。

"这上面都是虫眼，还这么小。"

我不满地看了外婆一眼，心里只道外婆抠门。

"今天就不带了，先吃饭吧。"嘟着嘴的我被外婆拉走，和主屋对着的屋子是舅妈的房间，我分明了看见了摆在桌子下面的两大盘葵花子。

后来外婆和外公搬了家，本来打算在村里安度晚年的两口，突然在城里租了房子。房子里面没有装修，墙壁上都是黑灰的水泥，外公已经卧病在床，一刻都离不开外婆的照顾。

我并没有思考这背后发生了什么，我只知道再上外婆家的时候，我总会有一把葵花子，外婆堆笑地看着我："这下没人和你抢了。"

2

外公去世的那年我刚初中毕业，高中开学的前一天和爸爸一起在爷爷奶奶家，我在院子里和奶奶说话，爸爸骑着摩托车开得飞快冲进了院子里，抓着我就走。

我到现在都还记得那年的摩托车后座上的颠簸，可是再怎么颠簸的道路也没有心里的波澜来的汹涌。

我很幸运，出生时爷爷奶奶、外公外婆都健在，我也从来不认为他们会离开我。可那是我第一次离死亡那么接近，第一次觉得原来有的人是会离开的。

还没有走进病房的门，就听到了外婆的哭声。那也是我第一次见到有人哭得那么伤心，什么都不在乎，喉咙已经沙哑，眼睛里根本也没有眼泪了，可就是要哭，因为除了哭，别的什么都做不了。

外公下葬之后母亲把外婆接到我家里来住，外婆为了不麻烦我们总是时不时地提出想要回家，母亲自然是不愿意的，总是告诉我没事儿就多带着外婆上街看看。后来我才得知外婆查出了糖尿病，并发症已经累及了眼睛，一只眼睛已经不好使了。

高中时正是叛逆期，不愿意陪着一个老人聊天出去玩，外婆看出了我的不耐烦，总是笑着跟我挥手，说就到附近的公园坐坐让我不用跟着。等我梳洗完毕出门找同学玩耍时，却发现外婆自己在楼下的台阶上坐着，一声不吭，呆呆地看着马路。

一次外婆自己出了门，母亲下班回来没有看到她的身影，问我外婆的去向。我支吾着不敢吭声，穿了衣服跟着母亲出门找外婆。

公园里找了三圈都没有外婆的身影，天色开始黑了下来。母亲气得朝我吼，我也不敢吭声乖乖地跟在后面又把公园转了一圈，终于在角落的石凳上看见了外婆的身影。路灯已经亮了起来，外婆的身影拉得长长的，看得人心里一酸。

我开始带外婆上街，外婆不说，但是我知道她很开心。她爱干净，出门前总要问我衣服干不干净，我不耐烦地回答她后就跑回自己屋子嫌弃外婆麻烦。

外婆坐在沙发上一句话不说，有时候能坐一天。有时候她会攀在窗口看楼下，看母亲是不是回来了，看我是不是回来了。

我带外婆出去赶集，川流不息的马路成了外婆最大的挑战。眼睛不好使，耳朵就格外地敏感，听到一点点汽车鸣笛的声音就会紧紧捏住我的手。我狠狠地瞪着那个司机："不知道这儿有老人吗？"外婆拽了拽我朝前走，我拍了拍她的手："别怕。"要是那个司机敢回嘴，我肯定会骂他的，我才不怕他，这是我外婆。

外婆开始需要我的照顾了。

母亲不上班的时候会带着我和外婆一起上街。外婆喜欢赶集，我就和母亲一人扶着她一边胳膊带着她去街上逛逛。

碰到熟人她都会低着头，我和母亲总是鼓励她和人家攀谈，她摇摇头："眼睛看不见，根本认不出人家是谁，脑子也不好使，想不起来说什么。"

集市上那些泡在盐水里的菠萝隔着玻璃都能够诱惑我，从盐水里捞出来还带着水珠，把木棍一抽放在小小的塑料袋里抓着就吃，咬上一口满嘴的酸酸甜甜，让人欲罢不能。

母亲从来不喜欢我吃这些东西："来来往往的车辆扬起来的都是灰尘，肯定不干净。"

我赌气地松开了挽着外婆的手："别人都吃了啊！"

母亲没有理我，头也不回地进了一家店，我赌气站在她身后不想和她同路。母亲从店里出来看着我噘起的嘴巴有些许不满，自顾自地朝前走。我跟在她身后低头踢着地上的石头，母亲突然停下了脚步，没注意的我一头撞在她后背上。

"你外婆呢？"

我着急地四处张望，在后面看见一个眯着眼睛的小老太太，因为曾经偏瘫过，腿脚不便跑起来的模样十分滑稽。那就是我的外婆啊！外婆一手提着裤腿，一手举着半块菠萝朝我走来，走到我身边时已经有些气喘吁吁。

外婆看着我母亲，将半块菠萝塞进我手里："孩子想吃就给买。"

3

上大学离家远了，每次和母亲打电话时总会让她把电话给外婆听，因为糖尿病的并发症外婆已经又住了一次医院，舌头僵硬话都说不出来。我说我的，她就听着，良久慢慢地发出一些勉强能够让人听懂的声音，除了母亲，我是第二个能听懂舌头僵硬的外婆想要说什么的人。

再次放假回家看到外婆的时候，她已经躺在了床上，病痛几乎要了她半条命，她也终于回了老家。

开始瘫痪的时候她还有些许意识，我知道她会恨自己的无能，口不能言，只能通过喊叫来表达自己的不安和不甘。整夜整夜地不睡觉，敲打墙壁，高声呼喊，只要有人在她身边就会安静。

她知道自己想要吃饭就指一指碗，想要上厕所就会指一指坐便器，想要睡觉就指一指床，但是她从来都睡不着，不管是我什么时候醒来到她的床边看她时她都是睁开了眼睛。我朝她伸出手，她就紧紧地握住我的手，张大嘴巴冲我呼喊，我听不懂她在说什么了。

外婆对审美很有自己的见解，我高中时候喜欢换发型，每次回家之后外婆总会给我评语，告诉我这个发型好看，这个发型不好看，衣服也是。后来我发现，凡是外婆说过好看的发型和衣服，别人也都会夸。

外婆告诉我换下来的贴身衣物要随手洗了，两天要换一次衣服，这样别人会觉得你干净整齐，外婆总是能够把连母亲都收拾不好的满是油渍的厨房拾掇得一尘不染，可是现在她却连自己都收拾不好了。

母亲喂她吃饭的时候她总是咽不进去，有时候甚至会重新吐出来，衣领周围都是残羹剩饭。我打趣和母亲说："要是外婆身体还健康的时候是绝对不会容忍自己这么邋遢的吧。"

母亲眼圈一红："你外婆健康的时候也根本不需要我喂饭。"

年前外婆再次病重，不能进食，短短的半个月已经完全没有了人形，脸颊两侧的肉都已经凹陷了进去，瘦骨嶙峋的身子上已经完全看不出曾经能够种地的壮实。

由于逐渐丧失的精气神，外婆已经不能再通过手势和喊叫来表达自己，唯一能够转动的只有眼睛。她茫然地看着周围的一切，茫然地看着我，有可能也看不见我。

我已经很久没有换过发型了，可能我只是需要外婆站起来告诉我："三三，你这个发型不好看，该剪头发了。"

爸爸去哪儿了

傻哈哈

我是个女孩儿。他们说，女儿是妈妈的贴心小棉袄。

我被妈妈抱在怀里，咯咯直笑。这句话让我有一种莫名的虚荣感，说不清是为了什么，就是骄傲，就是自豪。那时候，我也为自己和爸爸的不亲近找到了一个合理的解释，能让自己心里好受一点儿的解释。

长大一点儿，我住校了，才发现原来和爸爸不亲近的女儿不止我一个，宿舍里的十个女生有九个都是妈妈的贴心小棉袄，剩下的一个，是个留守儿童，和外婆一起生活，终年不见父母。

考试要家长签名，学校召开家长会，买衣服、裤子、生活琐碎用品，生病陪伴你打点滴的……你生命中的一切大事小事，都有妈妈参与了，并扮演着一个极其重要的角色。而爸爸，总是匆匆一来，匆匆一过，就像经常路过你生命的一个最熟悉的陌生人。

他不知道你的生日，不知道你讨厌生姜，不知道你喜欢语文讨厌数学，他甚至不知道你的学校年级、班级还有住在哪间宿舍……这就是我的爸爸，一个不及格的爸爸。

在我需要他的时候，我永远不知道他在哪里。妈妈总会替他辩解，说爸爸太忙了，要赚钱养家。他本来就是一个不善于表达自己情感的人，连我刚出生都没有抱我几下。

嗯，我看出来了，妈妈你真是一个不善于安慰人的人。

后来，我又把问题归咎于爸爸是大山的孩子，没有文化，重男轻女。这次，我是毫不留情地把责任全推给了爸爸。

在我十三岁时，我迎来了我的第一个弟弟，当然，也是唯一一个。我原以为这个小霸王会占着我全家的爱，包括我爸爸，没想到，他还是一成不变的态度，整天早出晚归，吝啬得不肯伸出双臂抱抱弟弟。唯一表示的亲昵，便是妈妈告诉他照顾弟弟，她要出去一下时，他才会伸出双手，把弟弟强行抱起来，丢回房间里，盖上棉被，说爸爸抱抱睡觉觉。

事后弟弟总会苦着一张小脸蛋，活像古代受了委屈的小媳妇，敢怒不敢言。

我越发不了解爸爸了，感觉他的心思，比女人还难猜。

直到那一次，弟弟一夜之间生了一场大病。起初只是有些微微的水肿，妈妈不敢疏忽大意，连夜带着弟弟就医，验了血，验了尿，做了B超，后来却只是吊了一些点滴就回来了。她说主任休假，普通医生看不懂化验单上的信息，要等星期一才可以。

我分明看见妈妈脸上透着明显的疲劳，眼眶微微湿润着，在灯光下迷了我的眼。我的心也跟着蒙上了一层纱，隐隐约约，有种不祥的预感。

我看着妈妈哄着弟弟入睡后，走到门外打了一个电话，不用猜，我也知道，是打给爸爸的。妈妈带着哽咽的声音求他回家帮忙。我躲在里面，听着他们断断续续的谈话。妈妈的脆弱，从来不在孩子面前显露出来，可是面对一家生计的顶梁柱，又无从隐藏。爸爸是重要的，只是他藏在妈妈的身后，我们一直看不见罢了。

星期五的夜晚，我放假，弟弟放假，妈妈在家，爸爸却还在外面辛苦地出车，他是个货车司机。窗外淅淅沥沥地下着雨，我猜，他不会回来了，至少不是现在。

可他回来了，在清晨的时候，我看见他风尘仆仆地站在门外，一脸疲倦，微卷的头发，棕色的外套和羊毛衫都带着水汽，寒气渗入了骨髓，冷得直打哆嗦。

妈妈也有点不敢相信，问他怎么回来这么快。他说他把车交给了朋友，连夜下了车，就睡在马路边，破晓时分才搭了一辆车回来。

尽管那时候爸爸全身脏兮兮的，比平时还邋遢几分，可是，我觉得他很帅，是我见过的最帅的男人。

爸爸看见弟弟，肿胀的地方越来越多，起先是脸，现在是手，一只"瘦猴"瞬间变成了"肥猪"。这种奇妙的感觉带来的不是惊奇，而是心疼。

他当机立断买了车票，要把弟弟带到大一点儿的城市就医。妈妈还有些犹豫想等到星期一，他急躁地吼着说等不了那么久了。弟弟在一旁哭着不肯去，他又谩骂说要不是这小兔崽子是他儿子他才不理。那时候的他焦躁不堪，我不知道他在恐慌什么，或许隐隐之间他预感到了什么。

到达医院的晚上，果然验证了爸爸的预感——弟弟全身浮肿，就像一个充了水的气球娃娃，平日里明亮的大眼睛都睁不开，眯成了一条细小的缝儿。他很乖，不痛，就没有哭闹。送去急诊室的时候，妈妈陪着弟弟，爸爸站在门外，直挺挺地立着，一动不动。妈妈叫他进去，没一小会儿他又出来了。他说，你陪着他就好，发病起因只有你看见了，我只会添乱。

他的身影就伫立在外边，再也没有进去，也不曾离开。

事后我问爸爸，说你又不是医生，怎么就清楚弟弟会生大病？

他笑了笑，说，因为我是爸爸啊。

是啊，爸爸的直觉，有时候比女人还准。

那一次大病，让弟弟住了半个多月的院，前前后后换了四次病床，期间没有离开暖和的医院过，准时吃饭、睡觉、抽血化验、称体重，这些，都是由一直陪伴的妈妈回来后告诉我的。

爸爸没有时时刻刻陪在弟弟身边，就连我问弟弟的病情怎么样了，他也只能含糊地应道："好多了吧，应该没多久就可以出院了。"

从此我没再问过爸爸，因为我清楚，他也不知道。他夜以继日地出车运货，整整七天只睡了几个钟头，本就黝黑的皮肤看不见他有没有黑眼圈，可是我知道他的劳累与疲倦。他脱下衣物，洗了一个热腾腾的热水澡，然后倒头就睡。

我拾起他的衣服，放进洗衣机里，很臭，用掉了半包洗衣粉还是脏兮兮的。一星期没洗的衣服啊，换以前我会各种嫌弃，可是现在却莫名想要落泪。

在他的面前，白求恩三天两夜不睡觉算什么，我们一直在崇拜着伟人，却忽略了自己的父母才是最伟大的。

凌晨五点回来的他，到了上午十点钟又起床了。我刚刚晒完衣服，看见他蹲在衣柜旁收拾衣物，我问："怎么不多睡一会儿？"

他顿了顿，又继续手中的动作，说："我赶着去你弟弟那里，不知道钱还够不够用。"

有时候语言真的是一种很苍白的东西，你掌握不了它的力度，描绘不出你想要的情感。

我就这样看着他走远，或许，有一天，弟弟问我爸爸去哪儿了，我可以运用自己毕生学到的词汇，告诉他爸爸去了哪儿，让他也当一次爸爸的贴心小棉袄。

父·子

善 待

傍晚，农家炊烟袅袅。"老幺，等一下你妈把晚饭做好了，你过去把你阿公阿嬷请过来吃晚饭。听到没有？"男人蹲在灶前用柴火烧水，指间燃着香烟。

"知道啦。"老幺电视正看得津津有味。

女人娴熟地翻炒着锅里的菜，喃喃道："唉！总是这样，这么多年从来不自己去请，难怪阿爹每年都去三叔家吃年夜饭。"这里的媳妇管公公叫阿爹。

男人分明是听到了："怎么就非得自己去请了，他爱来不来，阿姆不是每年都在咱这吃。"他们那一辈人大部分管妈妈叫阿姆。

女人利落地把排骨剁成块，下进砂锅，与玉米、红萝卜一块炖着："就你那臭脾气，和阿爹一个样。"

六点多。年夜饭进行中，老幺请来了他的阿嬷，说阿公被三叔家请去啦。一家人习以为常地上桌吃饭。女人默默地把给阿爹留的位置给撤了，把斟好的小酒收了。由她给老爷子留的位置，由她撤走。十几年如一日。

年夜饭后，阿嬷给孙子们发红包，连带着老爷子的份。孩子们穿着新衣裳，雀跃不已。阿嬷嘴里笑着，眼里看着儿子，含着许多愁。男人不知道在想什么，酒一小杯一小杯地喝着，竟也醉了。

老邱家的年三十。2012年除夕夜。

在这个小山村里，无论怎样的家庭，一年里最丰盛的就是年夜饭，主妇会把她毕生所学厨艺倾尽于年夜饭上，孩子们碗筷旁边会放着一瓶饮料，大人则是一小杯酒。老一辈们，生的儿女众多，儿女成家后，老人会选择家庭经济条件稍好的住下，逢年过节就会被请去其他儿女家吃一顿饭，成家以来，老邱家请到的从来只是阿姆，老邱的父亲从未吃过老邱的饭。父子俩心结深，一直在较劲，谁也不肯让步。

2013年6月中旬，阿嬷被查出患有咽喉癌，她慢慢地无法进食，越发消瘦，一直熬到年底，除夕前三天没了气。老邱兄弟几个匆匆为母亲办了后事，赶在年三十前。这里的习俗，大过年的遇上丧事不吉利。何况老人家生前又极为信奉神明，更不愿自己走了留下晦气给子女儿孙们。

阿嬷的走，给老邱打击很大。老幺巴巴地问："以后请不来阿公也请不来阿嬷了吗？"老邱干笑着："嘿嘿，嗯呐，阿嬷去天上当神仙了。"女人偷偷擦眼泪。

阿嬷走了，阿公处境凄凉。

二叔不愿意照顾阿公了，他说他养了十几年了，该轮到其他兄弟养了。彼时老邱全家都搬到小镇上去租房子住了。阿公到小镇上找老邱一家，女人陪着他去看阿嬷的坟，顺便去卜个卦。

卦象说：阿嬷指示阿公去老邱家住，老邱一家绝不会赶走他，会善待他。

老邱敬爱母亲，他也顺着母亲的指示赡养着阿公。只是他与阿公之间话不多。不与阿公一块吃饭，也不愿坐下与阿公喝泡茶。每每喊他吃饭，他总是说："你们先吃，记得叫阿公一块吃。"

也许是意识到老来无依的悲凉，阿公总是有意无意地说着："你们阿嬷走了，留我一个人拖累儿女……"老邱总是回答："别胡说！别乱想！"

去年，阿公脑血管萎缩，半身瘫痪。起居饮食都需要人照顾。老邱把他带回老家，住在老邱的老家的房子里。兄弟四人轮流照顾。可总是矛盾不断，二叔说他已经照顾了十几年，不应轮到他。三叔说他可以让他儿子来轮。小叔自己家的两个孩子还小，根本抽不开身，他们一致说，老邱是大哥，该由老邱先照顾，以后再说。而老邱在镇上有自己的工作。他们一直吵啊吵啊……

有天夜里，老邱听女人说："我今天不是进去村里看看阿爹吗，轮到三叔家，三叔让他那个游手好闲的儿子去替他照顾阿爹，那个小王八蛋对阿爹大呼小叫，还骂他，完全不当阿公看待，阿爹被他气得坐在地上哭。"老邱默然。

第二天，老邱回村里。没进门就听见三叔的儿子在吼老人："不是叫你要尿自己去厕所！"老邱一进去揪起他的衣领："你就是这样对你阿公的！要是自己会上厕所用得着你来照顾！？我告诉你，我不会让你小子这么虐待我爸！"于是，火急火燎地召开家庭会议，四兄弟讨论结果，一人一个月轮流照顾，从老大开始。并且不允许三叔的儿子再来"照顾"老人。

老邱给老人洗了个久违的澡，抱着他去浴室，给他换衣穿衣，一气呵成，老人感叹道："你自己就能帮我洗完澡，他们几个人都弄得乱七八糟。"老邱听了，颇为得意。时不时给外人炫耀。他爹夸他。

后来，老幺长大了，女人告诉他，老邱和阿公的心结结于何时何处。

老邱年少时便担起家里生活重担，因为是长子，他要帮母亲分担很多事，阿公作为他的父亲，却不心疼儿子的懂事，阿公疼小的，最喜欢三叔和小叔，有时候老邱从田里回家，家里的粥只剩下米汤，三叔已经把米粥捞干。老邱委屈，阿嬷心疼，阿公却不以为然。

老邱跟父亲上山砍柴，别人的父亲都怕儿子的担子重，忙着帮儿子的担子减轻柴火，老邱的父亲却问儿子重不重，不重的话把重的换给他。老邱肩膀疼得眼泪直流。

那时候兄弟几个都在上学，老邱才念到初中，父亲叫他辍学，让二叔三叔好好读……

这些，不至于让老邱产生心结。心结在老邱婚后。

那时候老邱生病发高烧，喉咙发炎，进不了食，村里的医生说要输液，两百块。那时候，两百块可不是小钱。老邱家里哪里有钱，老邱媳妇跑去跟老邱父亲借。那时候老邱父亲却说什么都不借，认为再怎么样都不需要输液，认为再怎么着都不需要两百块。后来，医生告诉老邱母亲说老邱命悬一线，他父亲才拿出那两百块救命钱。此后，便落下心结。

老邱爱他的母亲，认为他的母亲一辈子没享过福，他也把这怨归咎于他父亲身上。

以前如何，又如何，如今，那个阿公从不去吃年夜饭的老房子里，阿公睡着了，老邱在床边打盹儿。外面，阳光正好。

老邱，我爸爸。

阿公，我爷爷。

让我陪在你身边

深 卓

我曾不止一次想过，如果半个世纪之后我的孙子孙女不懂事时对我拳打脚踢，大了还任着性子使唤我，我一定会把他暴打一顿然后塞回他妈肚子里重生一个。可是她没有。

小的时候几乎都是在外婆家度过的。总是听父母提起，说外婆是我们家的大恩人。当初我出生不久家里便遭到变故，父亲手术住院，本就艰难的家庭一下子受了重创，雪上加霜。是外婆主动站出来提出帮忙带我，母亲安心去学了驾驶，和父亲一同开出租，维持家用，才得以过上今天相对安稳的生活。

以前社区还未拆迁，家家户户都是简陋的平房。外婆家离我家只有一条小路，白天我待在外婆家，傍晚母亲回家再来接我。外婆家的附近有座大桥，小时候我最大的乐趣，就是骑着自行车从大桥上冲下来。而每每这时，总有外婆跟在后面，拖着年迈的身子追着我，生怕我会摔倒。我能学会自行车也是外婆一手训练出来的。那段日子，外婆总是弯着腰，用手为我把住车把保持平衡，陪我一圈一圈地走过附近的码头、大桥、菜市场，每天一遍一遍这样的行程。外婆不知疲倦地躬着自己的背，有时我硬要绕上几个来回，外婆也没有怨言，寸步不离地跟着我，手里攥着我的小水杯，没有休息一下，抓住车把的手却一直坚定着。

我的性子很急躁，外婆用她的好脾气包容了我童年的无数次过错。我发脾气，外婆不急不恼，只是抱着我、哄着我。有时候我气头上来了，谁也劝不住，一拳一拳就打在外婆身上，用小指甲抓她。直到很久以后，邻里的大妈们还是喜欢拿这事儿说笑，笑我当时是何等任性。幸好，我有这世上最有包容之心、最爱我的外婆。

外婆家的隔壁租给了一间杂货店主，小时候我的零食就没有断过。外婆从来不会推辞，只要我要，她就会买给我。外婆的家里也常备些零食，有时即便是住在外婆家的夜晚，半夜突然醒了，要吃东西，也没有拿不出来的时候。

有时不巧，父亲晚上接到长途，母亲放心不下陪同而去，我就被放在外婆家睡一晚。也不知是为什么，在外婆家的夜晚我总是不安分的，不是半夜起来吃零食，就是突然想搭积木，占着一整张床让外婆陪着熬到很晚。也常常会想爸妈，担心与不舍往往化成泪水奔涌而出。于是每每这样的夜晚，外婆会不辞辛劳地背上我，陪我站在路口，守望未归的父母。寒冬腊月里也避免不了这样的情况，于是她便用棉被大衣裹住我，或抱或背，仍守在路口，完成我的心愿，安慰哭成泪人儿的我。常常等我在暖和的被窝中睡去，外婆才小心翼翼地抱我回家，然后彻夜不眠，唯恐我再次惊醒。

直到大了一些，不再整日待在外婆家，可外婆还是坚定地管我的午饭。父母忙得没时间，我的中饭就全权交给外婆，也只有中午，我才会去外婆家，吃干抹净擦嘴走人，留下的是脏碗筷，带走的，是外婆日复一日买来给我的新鲜水果。

外婆总是给我准备最好的菜，刚刚上市或者不合季节的菜总是很贵的，那些没什么人去买的菜，只要我喜欢，外婆从不在意价格。外婆常常会在盛夏给我准备好可乐、龙虾，供我看着电视大吃大喝，尽享悠闲，而自己却从不沾一口。我在里屋挤在外婆的小电视前看自己的节目，她从来不和我抢，只一个人在外屋吃完干饭和小菜，再来收拾我制造出的虾壳垃圾。

外婆从来没有说过我的不是，就算我发再大的脾气她也总是以

"小孩儿不懂事"包庇我、袒护我。她从来都觉得我是她的骄傲，而我，却渐渐开始嫌弃外婆，嫌弃她的菜咸了淡了，今天为什么没有汤；嫌弃她总是买同一种我随口说好吃的菜，直到我吃到恶心想吐；嫌弃她在我抱怨时没有怨气依旧带笑的脸；甚至开始嫌弃她对我的爱，是一种溺爱。

我对外婆没有了少小时的依赖，自以为是的长大让我和外婆的牵绊渐渐陌生了。叛逆期的我开始厌烦外婆的一切，她讲话的方式；她做事的拖拉她走路的慢吞吞；她善良中的软弱；她对我的纵容，还有她一切的一切。我开始想要逃离外婆的宠爱，逃离自己在这种宠爱下喂养出的任性娇弱。

终于，我们搬了家。新房虽不远，可对学业繁重的我来说已不可能再有闲暇回外婆家看看。父母本是打算接外婆来住的，可是外婆总说太麻烦、不想添乱，甘心住在老旧的两间房的小屋里。我原以为没有了外婆的宠溺，我会是自由且轻松的，可是生活却毫无改变。

周末我也不再去外婆家，随便在小区外的快餐店里吃些东西就算是午饭了。和外婆很久没见，在家吃蛋炒饭时突然想念起那个时候外婆的龙虾可乐来了。想到外婆蹒跚的步伐，没有抽油烟机的房子炒菜时呛鼻的气味。很久没有坐在外婆家的小书桌上吃饭，没有坐在外婆房间的床沿，看她的老式的、小小的电视机啃鸡翅。骤然意识到这样的时光一去不复返，而年少的我却从未在意。

最后是因为要拿以前的笔记而回了老房子。路过外婆家时瞥见外婆在小水池边洗衣的身影。外婆不似别的老人，她背挺得很直，身子骨看似硬朗，可家里人都知道她有骨刺，要用强烈的药物才能止痛。而外婆为了不让子女担心，硬是撑了很久才告诉大家，连医生都感叹她的耐力，忍受得了这种剧痛。

停车进了门，外婆仍没注意。直至我轻唤一声她才回过神来。外婆没想到我会来，一个劲儿地问我吃了没饿不饿，我说吃了，就是回来拿东西。外婆点点头，擦擦手问我要不要买零食，又想像小时候那样给我钱让我自己去买。我急忙说不用了，外婆一直笑，眼角的皱纹变得很深，黑黑的皮肤皱巴巴的。一时情动，我亲了外婆一口，外婆开心得像小孩儿，直说要抱我。我仿佛看到了近十年前，我在外婆的搀扶下骑着小车，从大桥上飞驰而下，外婆跟在后面拖着步子连跑带喊着慢点儿。一眨眼，十几年过去了，外婆老了，我长大了。但是血浓于水，纵使经历岁月磨砺，又怎会褪色不见呢？

外婆今年已有七十九岁了，她总说一定要活到我上大学，最好还要看我成家立业，添个曾孙。亲爱的外婆，你不必担心，你一定会长命百岁。无论剩下多少日子，我都会陪你。就像当初的你，陪伴了我的整个童年时光。未曾远离，不离不弃。

亲爱的外婆，对不起，真的感谢你。

"孤独"这两个字,人情味十足

　　林语堂说,"孤独"这两个字拆开来看,有孩童,有瓜果,有小犬,有蝴蝶,足以撑起一个盛夏傍晚间的巷子口,人情味十足。稚儿擎瓜柳棚下,细犬逐蝶窄巷中,人间繁华多笑语,唯我空余两鬓风。

"孤独"这两个字，人情味十足

海豚同学

暑假，我在北京街头的M记甜品站的窗口前嬉皮笑脸地堵姑娘："姑娘，你是不是也一个人呀？咱们俩拼个第二份半价的酸奶甜筒呗。"嘿，没想到，成功率还挺高。

每次舔着甜筒去赶公交的时候，都能想到知乎上那个很热门的帖："孤独是一种什么样的体验？"我想，那个回答"第二份半价"的人一定没有主动和旁边同样孤独的人拼过单。

那，你经历过最孤独的时刻是什么？

是忽然大雨的夏日傍晚，没有带伞也不知该向谁借伞只能拿着书本低头冲进雨里，回到宿舍全身湿淋淋地摸索着开灯，还是像孤独的大多数人说的，无人问我粥可温无人与我立黄昏？我想，这些我大概也都经历过。

暑假一个人在北京上德语课，被闹钟叫醒后是慌乱的早晨，一天八个小时的课程结束，挤一趟晚高峰的公交车回到"家"后是没有亮灯的房间。到北京的第二天晚上切水果时给手划了道口子，慌忙地跑去了北邮的医务室后被劝着去了某个大医院打了破伤风。周末没有朋友和聚会，翻开通信录也无人可说。回广州后，某一天和朋友喝早茶时聊起这些，她惊呼，你是怎么度过这些时候的？我想了想，其实，孤独并不可怕，最可怕的是我们一直强调和逃避孤独。最要紧的，就是别看知乎上关于孤独的字眼，别顾影自怜。

早上太慌乱就早点起床，要赶公车就提前准备好早餐，晚上回来没有热饭就自己做，流动的轻音乐和德语听力可以让整个屋子鲜活起来。周末没有聚会就把北京被推荐的一个个小众好玩的地方都走完，傍晚早点回家早点休息积蓄力量元气满满面对下一周被德语虐的生活。这个时候，我总爱感谢这个城市里除我之外也孤身一人的人们，让我在早起挤公交上课以及暮色渐沉啃着面包等车时，觉得并不孤独。

英语中，表达孤独不只有loneliness还有solitude，前者一般是指孤单寂寞无所适从而后者往往是一种主动选择的状态，内心感到平和快乐，身上带着荣光。

当全世界只剩下你自己的声音时，你可以听到那个声音说话吗？他在说是要继续向前还是原地休息？是要选择Plan A还是Plan B？或者，你在还没听清楚他在说什么之前，已经丧失耐心，企图从朋友从网络从Shopping获得一点点的快感来帮自己尽快逃脱。

林语堂说，"孤独"这两个字拆开来看，有孩童，有瓜果，有小犬，有蝴蝶，足以撑起一个盛夏傍晚间的巷子口，人情味十足。稚儿擎瓜柳棚下，细犬逐蝶窄巷中，人间繁华多笑语，唯我空余两鬓风。

其实，在浪费的时间里倾听自己内心的声音是直面孤独的好办法。经历了一个星期努力又认真的生活后，当你深呼一口气躺在椅子上时，你知道，你想要一段不被打扰的休闲时光，最好是面前摆着最近在追的剧，吃着水果杯和酸奶，内心丰富又充盈，眼前的路一片坦荡，仿佛拥着整个世界。

不从他人身上获取安全感，不从外界汲取力量抵抗孤独，坦坦荡荡地面对。这大概就是我能想到的、直面孤独最好的状态。

认真的人连刷牙都用力

蒋一初

上了大学我第一次住集体宿舍，草莓是我们寝室最小的妹子，也是她们班综合分第一名。新生会上，草莓主动发言说自己希望从幕后专业走到台前，她之前学过播音，迫于身高没有考上主持系。第一次见面，我不喜欢草莓，觉得她是一个野心太重而且不自知的女孩子，跟她交流也只是敷于表面，我不是很想跟她深交。

刚认识的时候，草莓每天都化妆，我好奇她比我齐全的瓶瓶罐罐，草莓会把我按在椅子上，强行给我化妆。草莓学播音的时候跟老师学过化妆，连眉毛尾端都修得整整齐齐。寝室里其他两个女生自己琢磨着化妆，经常把睫毛膏涂晕，遮瑕也会留一点没有抹匀，这样的事情在草莓身上一次都没有发生过，她的动作干净利落，完成后会对着镜子仔细端看。我开始关注草莓，不管是学习还是生活，她都充满着活力与自信，并且非常认真仔细，这是一个学霸的必备技能，这也是我第一次与学霸的亲密接触。

草莓有表导演课，第一次作业是模仿动物，老师要求每个人都去动物园观察。草莓去海洋馆看了海豹表演，回寝室后她把袜子套在手上，整个人就趴在地上打滚。为了表演得更生动，草莓要我们演游客，做投食、逗弄的动作，她接下了我做的每一个动作，连面部表情都模仿得很像。回课后，草莓说老师只给了一般的评价，并没有表扬她，被表扬的同学模仿的是狗，越生活就越困难。

又一次表导演课，课堂练习是"丑"和"骚"，草莓抽中了"骚"。撩头发、摆"S"形、把领口拉到肩，草莓做了自己能做的最大胆的动作，但老师依旧不赞扬。老师说："还不够骚，这一点儿都不骚。"很多时候表演不是凭着字面上的意思瞎掰，写文章需要解题，表演同样需要。草莓在表导演课上跌倒了太多次，学什么都得不到好评，再怎么努力都得不到老师的认可，我以为她会颓靡下来，或者多抱怨几句，可是没有。我也经历过这种事情，我把最好的给你，而你却说它一文不值，如果是我，我早就被怒火中伤，可是草莓仍旧每天充满活力，丝毫没有抱怨老师的意思。

草莓学的专业实践性比较强，所以她们班的同学基本上不怎么学理论，更多的是体验生活，换句话说，就是天天在外面潇洒度日。我们学校没有门禁，草莓完全可以跟同学们玩到凌晨再回来，但她从没有这样做过。排练完小品，草莓大部分时间都在寝室里，她会在我敲键盘的时候读英语，让我在完全忘记英语这门课之前敲醒我，她正在为这门课认真复习。

期末考试前，草莓整理了一本思修笔记和近代史笔记，这两门课开卷考试，上课听课的人几乎为零，而草莓就是不被几乎包括进去的那一丁点儿人。查分，草莓门门优秀，我门门都差优秀那么一点儿。学霸从我的嘴里说出来，再没有了嘲讽的意思。

放假回家前的最后一个晚上，我和草莓站在一起刷牙。我刷了一会儿就漱口吐泡沫，起身擦干嘴，再看草莓，她还在刷牙。草莓对着镜子非常用力地刷着口腔里的每一个角落，似乎牙刷每天都会经过同样的路径，少刷一块地方、少刷一秒钟都不可以。我擦了擦手，吞下了快说出口的那句"你怎么刷这么长时间啊"，我已经得到了答案。认真的人做每一件事情都仔细，不光是对待学习，刷牙都不算是一件小事儿。

房子和书

街 猫

我一直梦想在闹市中有一个属于自己的房间,只有一把钥匙,放在我那件BF黑色棉衣的口袋里。我不会轻易允许任何一个人走进我的房间,就算我爱他。我爱的太多了——旧报纸旧杂志不扔;枯掉的玫瑰还抱在怀里;阳台上喝空的啤酒瓶堆得老高;单曲循环一首歌直至失眠;街头歌手对我吹个口哨就忘了要回家。多情使人困乏。

我最近在看书,另一个女孩儿也在看书。她说,我们可以见个面,交换彼此的书。是一个在旅行中认识的女孩儿,她现在还在拉着箱子到处跑。她频繁地、大量地购买书籍,但在旅途中根本无法携带。她送了一些书给路上遇到的人,更多的寄到了ex的家,因为他家里有一个大书柜,她想象着那个书柜被她的书填满的样子觉得很开心,很快又清醒过来:什么时候才能有个自己的书柜呢?这件事多少有点伤感的味道,尤其当我知道她竭尽所能减负后的行李箱仍重达二十公斤。我绝对不会扛着四十斤的箱子去旅行。

这就是为什么我喜欢和雪里青一起玩。她很轻盈,她的想法,她的箱子,她需要的全部好像就是单反和薯片。我也不会轻易送书给别人。以我的眼光,我一般买到的都是真心喜欢可以一读再读的书(自己都不喜欢的书送人也有点可鄙),我实在害怕自己珍视的东西被别人粗暴对待。万一他拿来垫泡面把脏兮兮的油沾在封面上呢?更可怕的是,万一他翻都不翻呢？万一书里面夹着一张红色的崭新钞票呢？万一钞票上写着一句表露心意的话呢——原谅我，每个十几二十岁的少女本来就特别复杂。

如果说书柜是书的床，那书的确应该有一个安眠的地方，如果它的主人也有一张属于自己的床的话。书柜意味着一个独立的房子，而房子在这个城市中又意味着高额租金。可是，我租个大房子放书柜的钱够我买多少书啦？可买了那么多书没有大房子放书柜也好可怜。

天啊这么一想没有办法不伤感了。

整个状况，看书的人、书店、作者、出版社，都笼罩在一层昏沉的暮色之中。美国一家大书店打出标语："在这里看到就在这里购买，请让我们生存下去。"我和这个旅行中的女孩儿都对实体书店越来越慷慨，尽管网上便宜很多。哪怕我口袋里只有五十块了，我也愿意去买书。在它面前，我忘记了自己的贫乏。

在我更倔强的十五岁里，我花过七十八块钱买了一本插图书。里面介绍的艺术家、插画师我一个都不认识，全是线条啦几何图形啦很艺术感或很街头的东西，我看不懂。

我是说，我花了当时自觉很昂贵的代价去得到一个不实用不流行不需要的东西。

我觉得它可能美。

我猜是这样。

每个少女的心里都住着一百头小鹿

文星树

一个不怎么成功的小小教书匠,希望能温暖每一个孩子的青春,爱唱歌爱写作爱吃爱逛街,永远在减肥,从未成功过。

一个女孩儿在给我的信上写道:"我爱上了一个网友,我想逗他开心,想跟他在一起,才十几岁的年纪,我居然想跟他有一个家,给他全世界。"

内容有些伤感,由于女孩儿贸然表白,男孩儿第二天就把她拉黑了,女孩儿很伤心,觉得自己的爱情从此破灭。

我知道,每一个少女心里都住着一群小鹿,每当渴望爱情的念头出现,这群小鹿就会到处乱撞,让她们不得安宁。而这些,都只是成长的一个过程。

记得我那时候心里也有一百头顽固的小鹿。我最爱看琼瑶小说和台湾偶像剧,对小说和偶像剧中帅气多金的男主角迷恋到近乎发狂,以至于做梦我都在把自己代入故事情节,代替女主角跟他们进行一场又一场的浪漫约会。我希望能遇见一个人,像剧中的男主角那样守护我,带我去海边看日落,给我买奢望已久的高跟鞋,让我体验汹涌而干脆的爱情。于是下课之余,除了讨论偶像剧,我最喜欢的事情,就是与同桌谈论班上某个帅气的男孩儿。那时我不知道爱情是什么,所以喜欢的男孩儿也是一个星期换一个,偶尔是学习优秀性格安静的帅气学霸,偶尔是喜欢把裤脚挽起、总是逃课的叛逆少年。

说到喜欢的那些男孩儿时，我心里的一百头小鹿会忍不住乱撞，我会幻想他们牵着我的手走在海边的场景，还会幻想他们抱着我，像童话故事里王子抱着公主。于是，我开始注意自己的形象，为了打扮得更漂亮，我不敢再吃零食了，把钱省下来，去买漂亮的衣服和饰品。穿着校服经过街角时，我总是羡慕那些打扮入时的大姐姐，她们踩着高跟鞋，化着得体的妆容，手挽一个英俊的青年，那样恬静美好。对于那时候的我而言，爱情是那样神秘又美好的存在，也许年纪再大一点儿，爱情就会降临了。

大人们不理解我们的心事，认为十几岁的孩子第一要务就是学习，如果有其他与学习无关的事情充斥其中，就是不懂事，就是问题学生。所以深谙大人心思的我们，只能自己把很多的小情绪慢慢消化。每逢有人问"你是不是喜欢某某某"时，就只能一边抑制住心里波澜壮阔的温柔，一边老气横秋地答道："没有啊，我才多大，怎么会喜欢人？"

是啊，谁都不想当早熟的问题学生，可是每个少女，都有一颗蠢蠢欲动的心啊。

我们的心里住着对爱情的向往和憧憬，住着单纯美好的爱恋，住着骑着自行车、被风鼓起衣袖的男孩儿，还住着整整一百只活蹦乱跳的小鹿。

可惜的是，我的爱恋并没有以喜剧收场。青春期的男孩儿们似乎并没有那么成熟，我喜欢的所有男生，无一例外地都对我不感冒，明里暗里拒绝了很多次。我挫败地趴在桌子上，对同桌感慨："我就真的那么差吗？"同桌咯咯咯地笑，说道："你每隔一个星期就换一个人暗恋，谁敢跟你在一起？"我听她这么一说，也咯咯咯地笑了起来。

十几岁的我们总爱幻想爱情的模样，总觉得那应该是一场曼妙的邂逅，是翩翩少年驾着白马到达，是至尊宝脚踏七彩祥云，是罗密欧在朱丽叶窗下，是梁山伯与祝英台促膝并肩。我们甚至会以为，爱情中的

"孤独"这两个字，人情味十足

那个他会出现在我们需要的每一刻，他会像一个盖世英雄，为我们遮挡这世间的所有风雨。他一定是体贴稳重又心思浪漫、专一钟情又温柔如水的人，他一定可以给我们一次轰轰轰烈烈的恋爱。

现在，我才突然觉得，与其说爱情是一场盛大而灿烂的烟火，还不如说是一条涓涓细流的长河，爱情有它的美丽，自然也有它的烦琐。可是，那些对爱情充满向往、心里住着一百头小鹿的少女时光，是我们青春的见证啊！

坚 硬 的 你

蒋一初

上周末我去了一趟杭州，见婷哥。

万圣节的第二天，婷哥参加完派对睡了两个小时就风尘仆仆地来车站接我。杭州下雨，气温骤降，婷哥给我打电话的时候，我能听到她那边呼呼的风声。到了杭州我才感觉到自己太冲动，没有看天气预报，也没有想到杭州在这天会有一场马拉松，景区封路。

婷哥是个很任性的人，一个女生，非要把自己弄得强势，女汉子对于她是个太柔软的词，她就是个男人。婷哥顶着五颜六色的头发，围着大红色的围巾，看到我随意地拍了拍我。我们大概有三个月没见了，也不怎么聊微信，见面从不拥抱。这是一种极微妙的关系，我知道你在，我要去找你，我要见你。你从来都不会拒绝我。

"我好冷啊。"

"我也冷。"

因为马拉松封了景区的路，我没办法去赏西湖，和婷哥找了个地方坐下来聊天，口腔里尽是咖啡的浓香。

婷哥是一中毕业的，当年的市高考状元是她同班同学，也是我们共同的初中同学。叫那个女生盖盖吧，她是这样坚硬的婷哥的死结。每个人的生命中都会有这样一个死结。做什么都比你好，成绩比你好，画画比你好，唱歌比你好，比你更有气质，更招人喜欢。知道自己要什么，不顾一切地去做，总是能够做成。

盖盖高考考了一中的第一名，她可以去清北，但她没去，填了复旦哲学系。她生活得非常有质量，她不喜欢北京，所以谢绝最高学府的邀请。盖盖学了一个暑假的羽毛球，在厦大自招拿了体测满分；她学吉他，能在学校里组一个乐队；她可以自己独立完成一份海报外加宣传……

婷哥的死结是盖盖，她和盖盖从小学到高中都是同学，刚上初中的时候婷哥比盖盖成绩好，越往后，盖盖就越拔尖，婷哥就越追不上她的步伐。其实婷哥根本就不想追逐盖盖，刻意复制的人生除了乏味便是绝望。父母口中的"别人家的孩子"总是能够把亲生骨肉折磨得死去活来，盖盖频繁地出现在婷哥父母的口中，婷哥忍受了六年，摆脱不了盖盖给她带来的阴影。直到上了大学，盖盖不再是婷哥的同班同学，婷哥长长地舒了一口气。

有些人一直优秀，但大部分人总是归于平庸。婷哥跟我聊起盖盖的语气是平淡的，她说如果不是父母的过度期许，自己或许会比现在更加洒脱。我笑她不能再疯了，不然天都要被她戳出一个窟窿。

已经做了学姐的婷哥被很多学弟学妹崇拜着。

婷哥读的是英语系，全班只有两个男生。她接过一个任务，帮老师布置活动现场。她一个人去取快递，叫了一个三轮车，运了一个巨大的桌子回来，然后一个人组装好了桌椅。一场晚会，婷哥跳开场舞，演自己写的英文舞台剧，然后开PPT讲话题。婷哥笑，整场晚会大家总是看到她的脸。

我觉得婷哥现在的生活很好，婷哥也这样认为。但盖盖依旧是她的死结，她每次看到盖盖更新的动态，都觉得自己处于生活低谷期，黑暗，而且会一直黑暗下去。

"但是出去大吃一顿就好了，哈哈。"

没有人能阻止优秀的人更加优秀，也没有人能让你忘记自己的死结，多悲哀啊。婷哥的方法简单粗暴，大吃一顿，我决定试试。所以我会经常来杭州找婷哥的，我知道她从来都不会拒绝我的骚扰。而我，随时等着她来感受黄浦江的温柔。

我们曾深爱过别人，
唯独不知道如何爱自己

曲玮玮

知乎上问，什么叫"爱自己"？

讲一个稍不一样的观点吧。

爱自己，就是不要因外界刻薄的环境而自暴自弃，不要因为别人的错误而惩罚自己。

不要因为手中有一副烂牌，就向命运撒泼赌气，颓废到底。

有个朋友和我分享过一个故事。

小时候有段时间他父母一直吵架，家中硝烟弥漫，他在尖锐的争吵中惊吓得连笔都握不好。那时候他内心戏是这样的——看，都是你们让我没办法好好学习，我就继续颓废给你们看，让你们后悔。

后来成绩退步到九霄云外，家长拿着期末成绩单只会揍他，再怎么暗示，他们都不承认是自己的错。

朋友说，成年之后，经历一系列波折，才发现当年的自己很幼稚。

我们又不是待在保鲜恒温冰箱里的密封罐头，既然是出来混的，总得经历些雨雪风霜。

每个人都希望老老实实锄地耕耘，种豆得豆。但这个真实的世界刻薄得要命，你分到的庄稼种子可能天生就被浸了水，有时天降大旱让你的土地寸草不生，还有蝗灾、暴雨、泥石流……随时都能让你的成果付之一炬。

然后你怎么办。愤然丢下锄头和老天赌气吗？

"老子不干了。你不是要饿死我吗？那就来吧。"

命运才不是吃硬不吃软的家伙。你再执拗下去，就真的饿死了。

在微博上我收到过很多人的抱怨类私信。

大意是——

"我妈每天在家打麻将，吵得我无心学习，害得我成绩一直退步。好无助。"

"我是小镇青年。上大学之后发现视野太窄，被同学全方位碾压，特别自卑，只好每天宅在寝室，觉得没出路了。"

"我被男朋友甩了。失恋让我太痛苦了，被它折磨得郁郁寡欢，人生灰暗。"

……

其实每一个失魂落魄最终跌落到生活谷底的人，都有一个命运的诱因。

少年囚犯们几乎都有一个凄惨的童年。

很多大学里打网游挂科被劝退的年轻人，只是起先被迫听父母之命选了不喜欢的专业，然后开始了浑浑噩噩。

有人遭遇突如其来的失恋打击，天天赖在床上蓬头垢面，叹息遇人不淑，最后损耗的也只有自己。

大多数人都有或多或少的完美主义者倾向。当我们生而为人并逐渐有了自我意识之后，都会规划一幅漂亮的远景，小到一天的计划，大到一生的抵达。

但人生像行进在海洋里的船帆,哪怕物资再充足硬件再完善,都可能因遭受外界风暴而被迫改变航向,甚至功亏一篑。有的船就此沉沦,不是因为不够坚强,也并非被风暴吓怕了。

毕竟那都是励志书上的答案。

只是委屈,因而自暴自弃。

就像那些不断抱怨的人一样——"我的牌天生太烂,怪我咯?"

抽到一副烂牌,你赌气把牌打得更烂,却只能自己承担后果。

如果爱自己,就不会把无端的委屈都愤泄在自己身上,不会把自己当成试验品,不断下行,挑战生命的底线。

生命根本没有底线,你只会持续坠落,触不见底。

"孤独"这两个字,人情味十足

品尝夕阳

亚小诗

奶奶掉了一颗门牙，吃晚饭的时候，她喃喃自语道："如果我是一只迷路的骆驼，你们可以通过沿路植物的牙印找到我。"

我笑了笑，无厘头地问道："为什么刚好是骆驼？不是马和羊什么的？"

"老版的中学英语教材里有这样一只骆驼，你爸那一辈儿都学过。"她酷酷地回答我，一副"年轻人你没见过什么世面啊"的气势。

奶奶是一名退休多年的人民教师，今年已经七十五岁了。可能是长期教授英语的缘故吧，她比同龄的老人们时尚前卫不少，有事微信联系，没事赞赞子孙的朋友圈，热门剧集她都已在平板电脑上追完，影视熟脸也能叫出一堆姓名。

奶奶爱玩点十字绣，她可不绣什么"富贵花开""年年有鱼"，要绣就绣世界名画。梵·高的《星空》她已经绣了一年了，接近完工，这是她预先给我准备的嫁妆，是的，她可爱的孙女，还在上大学的八字没一撇的我的嫁妆，她担心真正到了我出嫁的那一天，她想绣点什么也绣不动了。

奶奶十七岁那年，经人介绍认识了爷爷，爷爷对奶奶一见钟情，头一回去奶奶家，就厚脸皮地主动留下来吃饭。那天中午家人刚好不在，奶奶是家中的小女儿，从没做过饭，她说"我不会"，想借此打发爷爷走。爷爷继续厚脸皮："你随便弄点，你做啥我都吃。"

于是，奶奶拿前一天的剩饭给爷爷做了个酱油炒饭，炒煳了，又黑又硬，像一团锅巴，爷爷还是傻呵呵地吃了个精光，奶奶笑了，他们的事也就这样成了。

奶奶嫁进门后，仍旧不会做饭，不是懒，而是厨艺不错的爷爷把做饭的事全给揽下来了。奶奶专心当她的人民教师，穿着红裙子，梳着大辫子，在本子上抄歌词，教爷爷听不懂的"洋鬼子"语言，两手不沾阳春水，像一个未婚少女。

现在七十多岁的奶奶，写得一手秀气字，绣得一手漂亮花，唯独不会做饭。对于一个优秀的文艺老太来说，这似乎有点美中不足，但一个女人，能够一辈子都保持不会做饭，该是多么让人羡慕的福气啊。

奶奶虽然不会做饭，但"种菜"是个好手，为什么此处要打引号？因为奶奶的菜不种在菜地里，而是种在自家楼下的草丛里。

我们小区的绿化带，被奶奶偷偷种了各种草药和配菜，麦冬、薄荷、紫苏、浮以……要炖汤和炒菜的时候就去拔几棵，新鲜又美味。奶奶选择种植的，都是小小一棵的植物，乍看不容易发觉，看见了也只觉得是野草。小区喷除草剂的园丁师傅从来不喷奶奶的"小菜园"，因为奶奶经常"贿赂"他，在他劳作的时候，送去人性的关怀，有时候是一块冰西瓜，有时候是一杯凉茶。作为回报，园丁师傅就睁一只眼闭一只眼啦。

在我奶奶教书的那个年代，教育是比现在更能改变人的一生的，小县城的学生们，因为英语差考不上好的学校，奶奶义务给差生补课，留他们在家住，在家吃饭，甚至留家远的学生在家过年。有的家庭认为读书不如打工赚钱实在，让孩子辍学，奶奶独自徒步十几里山路去劝说，很多学生都因奶奶的热心和执着改变了人生命运。在我生长的那个小县城里，奶奶是非常受人尊敬的。

虽然退休了，街坊邻里们还是称呼奶奶老师，一个优秀的人民教师的晚年生活是怎样的呢？是桃李满天下的果实回报啊。

今天过年时，1988届的毕业生们来家中看望奶奶，学生们都已是大叔大妈的年纪，一位胖伯伯攥着奶奶的手说："老师，还记得我吗？我是劳动委员啊！"我被这句话萌住了。师生一阵怀旧后，学生们纷纷掏出新年红包塞给奶奶。那个画面很有趣，奶奶坐在沙发上，一个个中年学生像排队般有秩序地递钱给她，奶奶看起来，可真像一个公园门口收门票的老太太。

奶奶于我而言，是女神般的存在，她会让我想到另一个女神——林青霞，今年六十一岁的林青霞，没有跟其他同龄的一些女神一样"冰冻年龄"或者"逆生长"，我们都能看出来，她老了，她是真的变老了，又老得那样自然那样优雅。

近期，林青霞在某个节目中出场时，主持人说道："感觉一个时代朝我们走过来了。"是啊，她的美，是能代表一个时代的，她年华正好时，向我们诠释了少女的美、熟女的美，她年华迟暮后，依旧诠释着老年女人最美好的样子。每个人都会变老啊，跟掩盖老态相比，笑着接受才算赢吧。

人们爱把人的一生比喻成太阳东升西落的过程，年轻的我还朝气蓬勃地活在上午，我的奶奶已经身材佝偻地步入了夕阳。

夜晚来临前的时光，奶奶一点儿也不悲伤，她在享受着变老的过程，她把夕阳拌进了柴米油盐，用掉了门牙的嘴，细细品尝。

这点小忙都不帮

亚小诗

收到一条微博私信，对方是名女高中生，大致内容是，学校里要举办某主题的诗朗诵比赛，她想参加，但是她觉得自己写得不够好，希望我能够帮她写。附上了大致的内容要求，并说："对姐姐而言，这肯定是小事一桩吧。"

我暂时没有回复她的私信，在评论里回复了别人的留言。几个小时后，她再发了一条私信过来："你都登录微博跟别人互动了，肯定看到我的私信了，为什么不回我？"

接下来，她说了一句让我近乎崩溃的话："这点儿小忙都不帮，你又不红。"这句话真的太可怕了，像一记无辜的耳光。

从什么时候开始，"帮小忙"成为某类擅长者的义务了？就因为我们仅仅是擅长，算不上专业，就认为我们的拒绝是不合情理的？而我们付出时间和精力的帮忙，在他人眼中只是简单的举手之劳。

朋友L，英语专业。一到寒暑假，三姑六婆的小孩都往她家送，让她给辅导英语，这使得她的假期几乎无法休息，至于报酬，不想给就不给，想给也是远低于市场标准，"大家亲戚嘛，你也还没毕业"。

朋友Y，擅长摄影。某女生主动拜托他拍照，无报酬的那种，取景地在远郊，Y自掏了路费，拍完照后一起吃饭，按理说这属于工作餐，肯定是被拍照一方付费，但女生丝毫没有买单的意思，Y也只好结了饭钱，晚上回去还加班加点地帮对方修图，让对方得到一堆朋友圈的点赞，而他自己，费心费神不说，还倒贴了两百。

朋友Z，兼职画手。几年不说话的高中老同学突然找到她，说自己女朋友要过生日了，想要画一张卡通照片给她当微信头像，但自己大老粗笨手笨脚，哪里会画画，求赐画一张。画完之后对方说漂亮是漂亮，但是不怎么像本人，让再改改吧，还补充道，你们在电脑上改这种，好快的吧？

还有很多很多的朋友，他们是有才华的年轻人，他们被阿谀着，被消耗着，放下自己手头的事情，牺牲时间和精力，去硬着头皮帮那些别人眼中力所能及的"小忙"，毫无回报，甚至还有可能被人诟病。得到一些"他敷衍我"或者"他居然跟我开口谈钱"的闲话。

"小忙"难道不是帮忙者才能说的谦辞吗？

你说谢谢，对方说没事，就帮了点儿小忙。但是你不可以指着一件事说，这是个小忙，你为什么不帮。就像你不可以对你的朋友说："为什么不邀请我到你家中喝点儿薄酒吃点儿薄饭？"

女作家刘瑜曾说过："远离消耗你的人，也不要去消耗别人。"是的，没错。人的一生实在是太短暂了，要珍惜自己的时间和精力，也要心疼他人的汗水和付出。

可是，当你认为自己被打扰、被消耗时，找你帮忙的人立刻生气了，他说，天呐我哪里有消耗你，帮我的忙，你明明是举手之劳，明明没有丝毫损失啊？

许多技能类的劳动，看起来并无成本。人们不会对开饭店的朋友说，举手之劳，让我来免费吃顿饭吧；也不会对卖衣服的朋友说，帮个小忙，白给我一件衣服吧；但是他们可以求画、求文、求友情出演。

在他们看来，消耗时间、精力、热情这些最宝贵的东西，都是对人毫无损失的。辅导几道习题是毫无损失的，反正你闲着也是闲着；拍几张照片是毫无损失的，反正你的相机买来不拍照也浪费；画几笔漫画是毫无损失的，反正你学的这个专业，不找你找谁……

一个个的"举手之劳"和"毫无损失",全是赤裸裸的强盗逻辑。

从小到大,我们受到过很多教育,父母教育我们要做一个善良的人,老师教育我们要做一个热心的人,但是没有一种教育,是让我们去当一个好欺负的人。

不管事情大小,不帮是本分,帮了是情义。

一个人格健全的人,完全没必要成为他人劳动果实的寄生者,可以自己做的事情,尽量自己做,自己做不了的事,虚心求教,诚意求助,必要时,要为对方支付报酬。

所有我们拥有的技能,都是我们的宝藏,我们以后很可能要靠它生活,靠它实现梦想。

我们只想把它展示给赏识自己的人,而不是消耗自己的人。

故乡，故人

小妖寂寂

忽然有天，被拉进一个以中学校友为主题建的微信群。群里成员近五百个，年龄不一，共同之处是都在粤西同一间中学念过书，现在人均在深圳。

从此，微信的新消息提示音被迫调为静音，实在因为校友群太热闹了，从天亮到深夜，似乎彼此之间总有聊不完的话题。不舍得屏蔽，偷空就过去凑凑热闹，瞎扯几句，闲暇下来后就翻看大家的聊天记录，不漏一个字一个句，上瘾一样。

在深圳待了几年，这个被钢筋水泥包裹着的大都市早就把我的心也炼得坚硬，与故乡有关的一切字眼却是那么温情无比，不自觉就让人变得柔软。

是的，我们都离开了自己曾经长大的地方，到了另外一个城市来。到了深圳，粤西小城高州就成了故乡。于是我们这些或读书或工作或定居在外的人便有了乡愁，这种情绪一直氤氲在心里，自从遇到一群家乡人，忽然就有了倾诉的窗口。在闲聊里，故乡时而是熟悉的一条小路，时而是夜晚鸣叫的蛐蛐，时而是冬季晨起买回的一碗热气腾腾的薯包籺……每个人的心里都保留着故乡给自己的最大感动。

都说衣不如新人不如故。在深圳遇到一群高州人，虽然过去不曾相识，他乡遇故知的高兴却少不了一分。校友微信群里每个周末都有固定的聚会活动，大家约了一起打球爬山徒步骑行，挥洒汗水后找个地方坐下来聊生活侃大山。搂脖子抱腰，齐齐感慨人是家乡的亲、月是家乡的圆、酒菜也是家乡的香。

到底还是老家好啊！群里已近不惑之年的大师兄师姐纷纷诉衷肠，在深圳奋斗多年，结了婚成了家，房子有了车子有了，生活安定下来，可是住对门的邻居见了面连招呼都不打，偶尔心情郁闷想找个人出来喝下茶都不知找谁好。

幸亏我们有了校友群有了组织啊！大家纷纷附和。谁说不是呢，进了群之后，仿佛在深圳从此就有了知己有了靠山，彼此之间热心得很，读书的相互探讨学术话题，工作的相互分享职场经验，年长者言语行动间都维护照顾着年幼者，窝心得让人就想掉泪。谁从老家带来了特产，谁准备周末做上几道家乡菜，群里一声吆喝，家里碗筷得赶紧数数够不够用。深圳精装修的厨房里，只要有故乡人，似乎这烟火味儿就和故乡的一样，似乎这烟火味儿就会说话，它填饱我们空虚的胃，慰藉我们乡愁萦绕的心头。

人都是感情动物，擅长日久生情，说不定日久他乡即故乡。难道是我们在外面待的时间还不够久吗，心里的家仍然只是那个落后的地方，城区狭小的街道，灰扑扑的房屋，乡镇上有炊烟袅袅升起，人们宁静安详的脸上从不缺少对生活的热忱。

在深圳读书，总是期待寒暑假的到来，迫切打包行装，踏上那归程。家在镇上，大巴回到县城还得再转小巴，然而时常有邻里听闻我要回来，自告奋勇开车出到县城接我。多好的故乡人啊！后来自己家里也有了车，接送便由父亲负责。只是有一次坐的是夜车，估计到达县城的时候天才刚亮，不忍心让他早起，硬是坚持说要自己坐小巴回去，结果大巴比预期的时间早了一个小时抵达目的地。天空还是漆黑一片，忐忑着下了车，忽然接到父亲的电话，说他在车站门口。那一刻，这故乡的夜，终究是让我掉下了热泪来。

故乡在哪里？在我们的目光里，在我们的心底，在我们的歌声里，在我们的校友群里。和故人在一起，似乎故乡也不曾离开过。

一只被温柔以待的绣花枕头

小妖寂寂

表妹永美出嫁的那年，我读大二。那天，妈妈打来电话说，永美要嫁人啦！我下意识就反问：哪个永美呀？妈妈气笑了，你认识几个永美，不就你那个傻表妹！

啊啊啊，那个傻姑娘居然要出嫁了，我赶紧买了车票回家去。

永美是真的傻，她六岁才会说话，十岁才开始上学，十二岁的时候被老师送回了家，据说她常常在上课的时候跑到操场去玩抛石子，而她考试卷子上的字迹是颠倒的。辍学后的永美从此就待在家里，左邻右舍甚至家中的亲人都不怎么待见她，除了她的妈妈，也就是我的舅妈。舅妈经常说，如果不是因为婴儿时发的那场高烧，永美也会是个聪明的孩子。

我只比永美年长一岁，但每见永美一次，我就会为她担忧一次。我总是想，她以后的人生要怎么办，她这辈子都要跟着父母生活吗？

我本以为永美的婚礼大概只是简单的亲友聚餐，毕竟她从小就不曾被重视。但是我惊讶地发现，那天的永美还穿了婚纱化了妆，酒席也预备了十几桌。我来不及细思其中，就听说新郎率着兄弟团马上要杀过来了，永美在房间里慌乱地指挥着送嫁的姐妹，叮嘱各人一会儿要记得帮她带上什么。我一扭头，就被她塞过来一个袋子，仔细一看，竟是个似曾相识的绣花枕头。再一抬头，永美趁机一个熊抱过来，她嘿嘿地笑着，很是傻气。永美说："姐你还记得不，好多年前你送我的枕头，我说过要带着它出嫁的！"

我把套着枕头的布袋子一扯，这哎呀呀，还真是我送她的。在我出县城念高中之前，我三天两头地爱往外婆家跑，因为我在学校的成绩好，大人们总拿我给孩子们做榜样，而读不成书的永美更是把我当成了偶像。

但其实那时候的我和别的孩子一样，也不喜欢永美，嫌她傻嫌她笨，嫌她不会打扮自己嫌她说话偶尔带点结巴。可我是老师心里的好学生长辈眼里的好孩子啊，为了我的好形象着想，在没有人理永美时，我总违心地朝永美招手，让她过来一起玩。我还常常把自己一些不要了的小玩具送给永美，看着她先是如获至宝的惊喜样，然后又是帮我洗衣服又是替我捶背地报答我，我更是乐得做这样的顺水人情。

绣花枕头就是这样被我送给永美的。那年的我十五岁，用刚学会的十字绣在一个新的枕头套上绣了一幅花的图案，再填入枕芯，然后送给我喜欢的那个男生。但是我送出去的礼物被退了回来，拉不下脸的我顺手就把绣花枕头塞给了永美。我还记得，受宠若惊的永美当即表示，这是她收到的最漂亮的礼物，她要一直带着，嫁人了也要带着！我哪里想到，真的有这么一天永美会带着这个枕头出嫁。如今看怀里这个绣花枕头，虽然它经历了漫长的岁月，却依然崭新如初，想必是被永美年年月月地细心爱护着呀！

在我为回忆起的往事而感动时，永美的新郎官出现了。我再一次感到惊讶，表妹夫既不是我想象中的老头儿，也没有瘸腿歪嘴，看起来是个很精神的年轻人，除了身材瘦小一点，还挺英俊呢。莫非他和永美一样脑子也有点问题？带着疑问，我参加完了整个婚礼，然而表妹夫并没什么异常。婚礼很是热闹和喜庆，永美笑起来时仍然会让人看出她与常人有那么一点不同，但是她笑容里的幸福却也是那么真实。

后来我才知道，原来永美这些年在舅妈的悉心教育下，虽然依旧认不了多少个字，算数也不好，但是她勤劳能干热情善良，慢慢地赢得了周围人的认可。大家越来越喜欢她，最后就连丘比特都朝她射出了爱情之箭。

　　嗯，那么温柔对待一只绣花枕头的永美，也是应该被这个世界温柔以待的。

最奢侈的心事给了你

　　等待已久的告白,却没有想象中的欣喜若狂。听完严垚的话,我愣了很久,然后跑开,因为忽然感到深切的恐惧。我是没办法长久地装成别人的样子的,一天一星期一个月一年然后呢?严垚喜欢的,不是我,至少不是真正的苏墙墙,他描述的样子根本不是我。我变成了严垚喜欢的女孩子,却不再是自己喜欢的模样。

最奢侈的心事给了你

草帽儿先生

一

我叫苏墙墙。别看这名字挺随意的，它可是我家老爸翻了好几本唐诗宋词的劳动成果，寄予了他老人家把我教育成大家闺秀小家碧玉的殷切希望。嗯，大概你完全没看出这名字有什么特别之处，反正我活了十几年，能在知道我名字后随口吟出"墙里秋千墙外道。墙外行人，墙里佳人笑"这句词的，仅严垚一人。

严垚总说，"苏墙墙，你真是毁了苏轼好好的一首《蝶恋花》啊！没有半点儿淑女气质的壮汉！"我从来不肯落下风，必定反驳到他缴械投降，哼，八百年前我和苏东坡先生还是一家呢，哪轮得到严垚这个外姓人氏指手画脚？

鉴于短短百字介绍，某位严姓小子出现达三次之多，我有必要向大家隆重介绍一下此人。严垚，性别男，瘦瘦高高，戴黑框眼镜，常年守校规穿校服，品学兼优卖相斯文，看起来是经过艺术熏陶的人，最重要的是，他就是我喜欢的类型，并且未婚配。

我本是不相信一见钟情这种戏码的，但当初次见面的严垚笑吟吟地念出那句诗后，我就掉进去了，可我是个不会游泳的人呀！于是瞎扑腾几下后我便彻底陷入严垚的笑容中。干净温暖，一如九月午后的阳光。

没有人知道我为什么喜欢严垚，连我自己也并不确切地知道原因。这么说吧，我遇见了一个清风明月般的人，我什么都没想，我只想用心对待他。

二

话说回来，严垚是一个温柔的人呢。当然，我用"温柔"这个词形容他不是说他女性化，而是他的言行举止都让人如沐春风。

我是有绅士情结的，每次和人约定时间必定是提早五分钟到达，偏偏这许多年来，净碰上些迟到又爽约的人，小心脏被打击得拔凉拔凉的。

所以，当我提前五分钟到达既定地点看到已经等在那里的严垚时，颇有他乡遇故知、伯牙遇子期之感，心绪如滔滔江水澎湃汹涌，一股脑儿捣毁了所有心理防线。

嗯，我遇到的第一个出口成诗的是严垚，第一个有最基本的礼仪风度的还是严垚。这世间不会有第二个人像他。

他会在我情绪低落的时候对我说"心情不好可以骂我出气，不要闷在心里"，会在我生病时帮我做笔记打开水，会难为情地涨红了脸仍旧死撑着应我所托在阅览室帮我占座。

我已经鉴定完毕，严垚是枚价值连城的璞玉，就让我当一个小小的拜金女吧！

三

历史老师是一个喜欢在课上扯七扯八的大叔，偏偏记性又差，时不时要举例子的时候就记得我这个历史课代表的名字，于是经常课上到一半我就中枪数次，沦为班级笑柄。

这天，历史大叔在假设了苏墙墙同学是董仲舒是汉武帝之后，终于良心发现与班长大人严垚相识，顺便假设他是朱熹是陆九渊是王守仁，再以志得意满的形象继续大讲天地五行金木水火土。

"我说，取名字啊都是有讲究的，缺什么取什么，比如说……苏墙墙你是命中缺土。我们再举个例子，那个班长，我刚刚还记得，叫什么来着……严垚！哎妈！严垚你全是土啊！你俩真是绝配！"

说者无心，听者有意。历史老师的一句戏言就此成了"苏墙墙倒追事件"的导火索。没错，从历史的角度分析，倒追是必然的，因为苏墙墙喜欢严垚。一句话就起了天大的煽动作用，因为我由此坚信，严垚和我是天定的缘分。

四

我不知道有了心仪对象的女孩子是不是都会处心积虑地要引起对方注意，至少我是这样。追求幸福，就应该像节约水电煤气一样，从每一天做起，从身边每一件小事做起。

一天换一个时间点上学，就为了摸清严垚的上学时间，人为创造一场场偶遇。"严三土，又碰到你啦！""哇！班长大人，那么巧！""喂喂喂，严垚你等等我！"……我只是抱定日复一日的招呼，总有一天会打进他左胸膛三寸深的位置这样坚定的决心。

如果你觉得我做的仅仅是这些，那你就错了。严垚的座位就在饮水机旁边，于是我对前桌后桌同桌那个殷勤啊，不仅替他们打水，还瞎掰了各种理由诸如利于排毒利于减肥利于养颜美容来胁迫他们喝水。到底有没有我所夸的效果我是不知道了，反正，他们上厕所的频率不是一般人能比的。打水的时候可以和严垚鬼扯好几句呢，何乐而不为！

丢弃小说漫画熬夜看世界杯，把蓄了好久的头发剪到齐耳，走路平平稳稳不欢蹦乱跳不大刀阔斧，说话糯糯软软不怒吼咆哮，表情温温和和掩嘴弯眉不露齿大笑……

是严垚喜欢的样子。

是为了让严垚喜欢而改变了自己的苏墙墙的样子。

五

不是没有人告诉过我，不应该为了谁而舍弃真正的自己，只可惜沉浸在爱情中的人都是又聋又瞎，偏偏八匹马也拉不回来。

我终于等到了严垚的告白，那日的阳光真是好得要命啊，和严垚的笑容一样明亮。严垚笔直地站在我面前，郑重其事一字一句地对我说话。

苏墙墙，我喜欢你安静的样子。

我喜欢你说话细声细气的样子，微笑的样子。

我喜欢你稳妥不慌不忙的步伐，俏皮的短发。

苏墙墙，我喜欢你。

严垚喜欢苏墙墙。

等待已久的告白，却没有想象中的欣喜若狂。听完严垚的话，我愣了很久，然后跑开，因为忽然感到深切的恐惧。我是没办法长久地装成别人的样子的，一天一星期一个月一年然后呢？严垚喜欢的，不是我，至少不是真正的苏墙墙，他描述的样子根本不是我。我变成了严垚喜欢的女孩子，却不再是自己喜欢的模样。

一个连自己都不喜欢的人，要怎么去喜欢别人呢？

真正的爱情，不是颠覆自己的迁就，而是在对方眼中，看到的是最真实的自己。我也许不会是严垚喜欢的人，把心给了他，已是最奢侈的事。

做自己吧。

从今往后。

南风与你，悠悠我心

阿 砂

1

这个小城的夏天刚刚臻临，南风便如期而至地送来亚热带季风气候特有的湿热和黏腻。

清晨，戚米被贝壳风铃清脆的吟唱唤醒。

她光着脚跳下床，做的第一件事就是到阳台上摸摸昨夜洗的校服干了没。

那件蓝白相间的校服比阳台上其他属于女生的衣物都大得多，很显然是件男生的校服。

是方明晴的校服。戚米闻着上边柠檬草洗衣粉好闻的香味笑了笑。

2

午后的课堂上，南风是从淡蓝色的窗帘间隙里挤进来的，明明只字不识却哗啦啦地翻着桌面上的书本，俨然比某些不专注听讲的人好学得多。

某些人指的是睡得昏昏沉沉的戚米和在书上涂鸦恶搞老师的捣蛋鬼方明晴。

南风打了他们的小报告，俩人被"光荣"请到走廊上罚站。

可对于睡神戚米来说，罚站怎能阻止此刻她对周公老爷的热爱啊？眼皮对着双脚却打起架来，她忍不住想靠在墙上打瞌睡。

"白痴啊别靠，衣服会弄到墙灰的。" 同样在一旁罚站的方明晴扶住了她。

"管他呢……"戚米实在太犯困了，她靠上墙，背后却不是硬邦邦的感觉，而是另一种柔软的触感。

她好奇地睁开眼，发现方明晴竟然把校服外套脱了下来，而自己背后垫着的正是他的校服。

方明晴的校服上果然沾了脏兮兮的一片墙灰，戚米拍了很久也拍不掉。

"喂，方明晴？……你真的是神经男吗？"她不可置信地看向方明晴，身边的少年则回应了她一个露出八颗牙齿的灿烂笑容。

方明晴的笑让戚米像是直视了太阳一般眩晕了起来。

3

方明晴在戚米贪睡的那个午后做了那么个贴心的举动，不可以说不绅士。

他成功地让自己的形象在女生心中升级成暖男。

但在这之前，方明晴在戚米眼里却是个奇葩的火星少年，班里人送外号"男神经"。

到底有多奇葩呢？

反正戚米觉得公然把连帽恐龙睡衣穿到课堂来，或是在下雨天玩滑板溅起雨水欺负路人这种小事，已不足表现他"男神经"的特质了。

戚米印象最深的是某次英语课，英语老师不知是为了活跃一下课堂气氛还是因为脑子秀逗了，竟然点名让方明晴起来朗读课文。

　　课文的内容不过是常见的男女对话，可是亮点来了，方明晴一会儿用沙哑的原声读男生的部分，一会儿又用尖细的假声读女生的部分，结尾似乎还嫌弃自己矫揉造作得不够女生，居然还用撒娇的语气拖了个长长的音节。

　　"老师，我读得好吗？为了读好这篇课文我下了很大的苦功，你看我提前注好的音……"

　　他"精神分裂"的这一套，逗得班里的每个人都笑岔了气。

　　平时笑不露齿以女神形象示人的英语老师也乐成了东倒西歪的"女神经"。

　　方明晴还真是个火星思维的四次元啊，戚米回忆起他的这些"火星轶事录"，觉得方明晴其实还是挺可爱的。

4

　　大课间，戚米打算把方明晴的校服还给他，无奈方明晴趴在课桌上睡觉，教室里的人又太多了，她莫名有点儿不好意思，就转交给了他的同桌。

　　"戚米你竟然会帮男神经洗衣服耶！该不会喜欢他吧！"没想到方明晴的同桌是个大嘴巴的八卦男，戚米的脸羞愤得红白交替，恨不得一掌拍死他。

　　"啥啥啥！你说戚米和男神经有关系？"立马就有更八卦的女生们兴致勃勃地围上前。

　　"你们都闭嘴了，谁吵本大爷睡觉，本大爷就咬谁！"方明晴依旧事不关己地趴在课桌上，却从抽屉里摸出了个老虎的面具戴在脸上。

　　"哇！戴个老虎面具就狐假虎威了，真不愧是男神经啊！"女生们异口同声地发出不屑的唏声。

　　还好此时响起的上课铃为戚米解了围，戚米带着脸红心跳回到座位上，动作机械地翻开书本，却看不下去一个字。她转过头偷偷瞥了眼那个大胆的老虎面具，嘴角不自觉地扬起一个优美的弧度。

她没有发现的是，映在面具下那双明眸里的自己笑起来特别美。

5

躲得过初一躲不过十五，道理都懂，可当自己走在放学的路上却被拥挤在身旁的女生七嘴八舌个没完没了时，戚米还是满心怨念啊！

"戚米你不会真的喜欢男神经吧？"女生们用既不解又同情的眼神盯着她，在她们看来，谁喜欢上方明晴这等奇葩谁就是头脑烧糊涂的可怜虫。

自己喜欢方明晴吗？戚米说不上答案。

看到他笑时露出洁白的牙齿会眩晕，想靠近闻他校服上好闻的香气，觉得他令人匪思的逗趣举止真切可爱。所有这些，在这个南风吹拂的季节里，可不可以算作年少时清浅又懵懂的喜欢？

"嘿，你们好！谢谢你们讨论我啊。"方明晴就像孙悟空一样，突然从人群后窜出来了，吓了所有人一跳。

更吓人的是，他手上竟然牵着那只凶巴巴的大黄狗。

这是门卫阿伯养的狗，平时和方明晴亲近。可班里的女生们最怕这只狗了，一个个被吓得不顾形象地尖叫。

"男神经！你太讨厌了！有种别跑！"花容失色的女生们气得直追着方明晴一路喊打。

愣在原地的戚米脑海里回放着方明晴牵着大黄狗登场时的画面，有点无厘头，又有点搞笑。

但戚米始终觉得他的出场像英雄一样地酷炫。

6

"为了帮你解围,我被门卫老头臭骂了一顿,又被暴力女们群殴了,你可得感谢我啊!"

在隔天收到方明晴邀功的纸条后,戚米的心情明媚得如同窗外的六月天。

"男神经,大恩不言谢嘛!"戚米很不厚道地这样回复了。

午休时,为了避免继续成为八卦女生们的炮灰,戚米独自溜到了教学楼后边的桐树下吃饭。

她正欢乐地啃着作为饭后甜点的甜甜圈,忽然被人拍了下肩,一只搞怪的老虎脸凑了上前。

"男神经……你太无聊了吧……"戚米的额头落下了无语的三根黑线。

"你是小学生吗?干吗总玩这些幼稚的东西?"戚米把老虎面具从方明晴脸上扯了下来,饶有兴趣地把玩。

"你自己不也很爱玩吗?"方明晴咧嘴笑了笑,"喜欢就送给你了。"

"真的?"戚米戴上老虎面具有些得意,下次那些女生再八卦,自己也可以狐假虎威地喊一声"闭嘴"了。

"真的,不过嘛……"方明晴趁着戚米没反应过来,一把抢过了她装着甜甜圈的纸盒,"你还没感谢我呢,这点小意思我就笑纳了。"方明晴跑开了一段距离,在戚米的怒目而视下笑嘻嘻地舔了舔甜甜圈……

悠悠的广播音乐响起了,南风吹送来桐花的芬芳和泥土的清新,男生的衬衫和女生的裙摆都浸在初夏那甜蜜的空气里。

7

六月的南风总是善变，时而带来惬意的凉爽，时而又翻滚起热浪。

方明晴也是，戚米托着腮想。

方明晴不知从什么时候起开始对自己忽冷忽热。

也许是从那时，她被八卦的女生们逼急了就当众说了句"别总把我和那个神经病扯在一起"之后，方明晴看自己的眼神就夹杂了闪躲和黯然。

谁说粗神经的火星少年不会受伤呢？

他上课时不再做出奇葩的举动引得老师抓狂，当然也没有认真听讲，而是迷上了安静地玩魔方。

戚米暗中观察得出了个结论：方明晴谈恋爱了！

肯定是和魔方谈恋爱了！要不然怎么会上学也玩着魔方，课间也玩着魔方，吃饭也玩着魔方，上厕所嘛……肯定也离不开魔方！

"男神经啊男神经啊，你最近怎么迷上玩魔方了？明明还是个很幼稚的小学生玩意嘛！"戚米忍不住把纸条折成飞机丢给他，却久久没有回复。

戚米生日那天，夏天走到了最火热的关头，南风更盛，雨水丰沛。

方明晴冒着雨在放学的路上玩滑板，故意把积水溅到了戚米的白鞋上，被痛扁了一拳。

"我可是来给你生日礼物的，你还打我！"方明晴做了个鬼脸。

"给你，生日快乐，拜拜！"

……

戚米觉得方清明送的这个礼物吧，虽然没有华丽的包装，但委实珍贵了。

他竟然把"女朋友"魔方送给自己了！还是个被打乱的旧魔方，上面还满满是水笔不小心划到的痕迹……

真是太有诚意了！

戚米郁闷地转着魔方，感慨男神经的逻辑还真不是地球的。

8

午夜，戚米被贝壳风铃丁丁零零的脆声吵醒。

她摸出藏在枕头下的旧魔方，在黑暗中把玩了起来。

她想起少年硬塞给自己魔方时的那个眼神。

地球上有那么多的纷纷扰扰，偏见和误解总有一天会随风消逝，只有那个来自火星的眼神跨越了光年，会一直一直陪着你。

戚米用手机百度了三阶魔方的公式。她小心翼翼地，以一种从未有过的奇妙情感去对待这个魔方，当灵活的指尖在午夜的钟表上一点点地滑过，她的呼吸声也一点点地静谧下来。

只剩下心跳了，还有这个复原了的魔方。

戚米拉开房间的窗帘，熹微的光照在了魔方小巧玲珑的六个面上。

这六个面上歪歪扭扭的黑水笔写着六个字：

戚、米、我、喜、欢、你。

南风过境吹动风铃，那动人的铃声仿佛在轻声细语地说：

方明晴，我也喜欢你。

不管你是男神还是男神经，不管你住在地球还是火星，我也喜欢你。

狗尾草上的青春

杜克拉草

①

我知道有瓶子姑娘这么一号人物存在的时候是高二分文理我们都选了理科从校友变成同学，真真正正跟她成为可以谈心的朋友是在一年之后的一次分组大换血我们在同一组。但在此之前，我就曾偷偷注意过瓶子。

因为，L先生有次跟我说了一个秘密——瓶子姑娘喜欢他。

我嘴巴大得可以塞好几个鸡蛋，下一秒回过神来丢了一句"呵呵，你要不要这么自恋"给他。

虽然我一向是个爱八卦的人，但我还不至于八卦到整天就盯着班里某人看某人的眼神是怎样的，谁对谁的举动又超出了同学之间的正常相处范围，谁又约了谁出去。相反，那些八卦的事我几乎都是最后一个知道。

女生的好奇心能害死只猫。在知道L的那个所谓的秘密之后，好长一段时间我在下课之后都像个狗仔队偷偷观察瓶子的举动发现她经常有事没事跑去问理科并非特别突出的还有个文科女朋友的同学关于理科的问题，去她的空间翻了好几遍动态知道她发了很多大致是喜欢某人某却不喜欢自己诸如此类伤感的话。

我左看右看，瓶子的一切都好像表明她喜欢的是那个同学。L从什么时候喜欢跟我开这种玩笑了？

②

瓶子和L高一是在同一个班的，但在瓶子和L认识之前我就在一周前认识了L。虽然说江湖上发生的一切绝非偶然但我发誓我跟L的认识绝对是百分百纯属偶然。

2012年8月31日，众所周知那天应该是高一新生回校报到，但因为学校的新宿舍楼还未完工，学校不得已推迟了一周开学。然而就在那天，L不知道从哪里加到我的QQ，三年前我还是个特别喜欢在QQ上跟陌生人叽里呱啦聊个不停的女孩儿。所以那晚，在我跟L聊完天南扯完地北后，我们才知道原来我们都是高一新生，而且是在同一所学校。

还好还没那么狗血，我们不同班。

当时我们都感慨，是踩着"缘分"的尾巴了。

也许因为是不同班，就算我知道他的陈年旧事也没地儿播，所以在我们聊成熟人之后，他就很自然地爆自己的料了。

譬如他英语超烂，从小到大没学过英语，中考一百五十分的英语他考了二十来分。

譬如他理科和数学又好到爆表，让你不得不承认有些人的头脑就是比你自己的要聪明得多。

譬如他喜欢上了他们班的一个姑娘，喜欢得死去活来的，为了那个姑娘还参加了活儿特别多的督操部，因为那个女生在那里。其间我还当过L的爱情军师。

L说过很多很多，但从来没跟我提过瓶子这号人。当时，瓶子还未喜欢L，两个人关系是红蓝颜的那种。当然这是在很久之后瓶子在一次谈话中告诉我的。从她和L的口中我大概可以拼凑出他们两个的故事。

③

　　高一的时候，L坐在瓶子的后面。当时L桌子上放着很多教材全解之类的资料书，一回生二回熟，瓶子跟他借了好几次资料书之后两个人也就慢慢熟稔起来了。

　　L在开学没多久之后开始追他们班一个女生，暂且称呼她X好了。他第一次见到X的时候是在开学报到第一天，她穿着初中的校服在校园里走来走去。当时L立即被她吸引住了，他觉得X一定是个很特别的女孩儿。

　　说疯狂倒也没有像他们班一个男生为了追一个女生曾在晚修过后跑到女生宿舍楼前不顾他人的眼光对那个女生又献一大束红玫瑰又弹吉他的最后招来了学校领导结束这场独角戏。L追X的时候每天早上一瓶哈萨姆奶茶，也许这看起来不算什么，但L的家庭是单亲家庭，一瓶哈萨姆奶茶是他每天不吃早餐换来的。还好当时瓶子和L的关系已经杠杠的了偶尔会给他带早餐才不至于让他还没追到人自己就已经先饿死了。

　　为了追到X，L还特地注册了一个QQ新账号，以一个陌生人的身份跟她聊天，对她嘘寒问暖的。为了不让X怀疑是他，他还特地跟她说自己是女生。

　　瓶子和X是舍友，关系自然也不会差到哪里去。相反，在L追X的时候，瓶子还特别积极地撮合他们两个。

　　这样的日子大概持续了半年之久，L最后终于抱得美人归。只是一个月之后，X以她并不喜欢他当时只是被他感动的理由分手。无论L怎么拼命去挽回，最终都是于事无补。

　　在很长时间里，L的空间动态一天十几条几乎全是关于不能没有她的消极说说，譬如"没了你，撑不撑伞，心都是湿的"之类的。最后我实在是受不了他的严重负能量刷屏，以我看了众多小说的经验花了一个晚上来开导他。

在L被甩的某个周末下午，他去了一趟海滨（还没脆弱到要自寻短见的地步）。他坐在海边的长廊上吹着海风然后发了一条信息给瓶子。

当时瓶子在睡午觉，醒来看到信息的时候已经是下午了。瓶子二话不说抓起背包就去找他，陪他在海边坐了一会儿谈了一下心，后来还带他去吃了饭。

有些人只说一句话，便有人愿意为他赴汤蹈火。

瓶子对L很好，L也对瓶子很好。

但再好都终究不是爱情的那种好。

自高一开学到高一结束，整整一年的时间里，L在教室里的位置从来没变过——最后一排并且接近门口。因为坐在那儿，上课时可以看着X认真的背影走神，下课可以注视着她在走廊与别人打闹。

2013年12月，X的十八生日。L下了血本花了三百多块在网上买了一双黑色的高跟鞋，然后在她生日那晚，托朋友在她生日聚会上把鞋子送给她。自始至终，他都躲在一个黑暗的地方，注视着聚会的开始，同样也注视着聚会的结束。

不是想挽留，而是做最后一场告别。

2012年9月—2013年12月，在这十五个月里，L的目光只停留了在X身上。

以至于他从不知道后背有一双眼睛在尾随着他。

是很黯淡无光的眼神。

④

高二分科之后，并没有想象中的少了三科的轻松，各科的试卷虽然不至于用铺天盖地来形容，但还是一波又一波地砸了下来。

虽然距离被甩已经过去了好几个月，但L用情过深还未从失恋的伤痛中走出来，自然也没有心情学习。瓶子每天中午就坐在他的位置，帮他把一张一张空白的试卷整理好，偶尔还会绕过大半个教室来问L一些理科知识。这一切都看似那么理所当然，毫无违和感。

只是那颗被称之为喜欢的种子早就在几个月前在瓶子的心底悄悄萌芽，后来那颗种子不受控制地越发长大，当它破土而出时也就意味着这违和感怕是要破坏了。

2013年10月，L告诉我瓶子喜欢他。此时他不再让瓶子整理试卷，瓶子问他问题他也是能躲就躲，后来瓶子转而向别的男生请教。

这是第一次L拉开了与瓶子的距离，为了X。

瓶子发表在空间上悲伤的说说愈来愈多。

2014年5月，L喜欢上我们班一个女生。

6月，L和瓶子再也不从有对方存在的地方经过。他们的关系史无前例达到了冰点。

L说他不希望被喜欢的人误会他和别的女孩儿关系暧昧。

所以决定彻底断了瓶子喜欢的萌芽。为了他喜欢的女生。

我想这也就是瓶子后来不愿意一个人去厕所的原因吧。如果在去厕所的中途不可避免碰上了L，瓶子还能转头对身边的同伴嘻嘻笑笑以此掩盖她的慌张。

就算多喜欢L，瓶子都要保留最后的倔强。

只是喜欢一个人，真的会卑微到尘埃里去。

⑤

7月，L表白，他们正式在一起。

8月准高三党开始补课，他们开始在班里大秀恩爱。

10月中旬，瓶子让我教她折星星。

10月底，瓶子折了九百九十九颗星星送给了L。谁也不知道L对那瓶星星的处置，是扔了还是留着。

也许L压根就不知道到底有多少颗星星，就像他不知道瓶子喜欢有多卑微，分量有多重。

也从那个时候起，瓶子的桌子上每天多了一个装了半瓶水的矿泉水瓶，里面插着一棵草不像草花不像花的植物，孤孤零零地在风中摇曳不定。很像瓶子的孤孤零零。

12月，那个女生以L不懂她为理由提出分手，L这次没有挽留，空间也没有发过一条关于这件事的消极动态，下雨了就算没带伞也会很努力挤在朋友的伞下。

不是L这次用情没有上次的深，只是此刻L学会了珍惜自己，就像含羞草那样，一受到外界的刺激就会立马进入警戒状态。

我跟L说，相比上次失恋后的要死要活，这次你进步多了。

L还是依旧跟我说这段感情如何如何，只是这回，我不用再花费太多的口舌去安慰他。

L分手后，住在隔壁宿舍的瓶子宁愿花电话费喊破喉咙跟我说一些不痛不痒的小事也不愿挪一下步子移驾到我的宿舍，因为L第二段恋爱的女主角在我宿舍。

如果说雨滴因受重力的影响才无法自主地做自由落体运动，那么引发瓶子眼泪自由落体的，是L。

有些人和事，是不能轻易提及的。

一旦提及，便是波涛汹涌。

⑥

2015年3月，瓶子的生日。我问她想要什么礼物，她说她只想要那个人跟她说声生日快乐。

于是某个晚上我发了一堆的QQ消息去轰炸L，尽管我不知道我这么做是否真的合适，但最后三个月我不想让瓶子在高中留下更多的遗憾。

不管是否出于真心，瓶子在生日那晚收到了他的祝福。

4月，瓶子买了明信片，发给几个好朋友叫我们写上对L想说的话，这是她给L的毕业礼物，也是最后一个。

我套用了陈奕迅的歌词：

若你喜欢怪人，其实她很美。

愿你们赤诚相待时，能够不伤你们。

⑦

6月4日下午，整个学校的学生都在把书本往宿舍搬然后布置考场。也许是因为大伏天，也许是因为离别，空气变得很黏很黏，黏得瓶子差点睁不开眼了。

瓶子坐在座位上用黑色签字笔在笔记本上一笔一画写出席慕蓉的《一棵开花的树》：

如何让你遇见我/在我最美丽的时刻/为这/我已在佛前求了五百年/求它让我们结一段尘缘/佛于是把我化作一棵树/长在你必经的路旁/阳光下/慎重地开满了花/朵朵都是我前世的盼望/当你走近/请你细听/那颤抖的叶/是等待的热情/而当你终于无视地走过/在你身后落了一地的……

瓶子手里的笔停顿了一下，眼眶没出息地红了，吸了吸鼻子继续写下去。

朋友啊/那不是花瓣/是我凋零的心。

"朋友"这两个字她顺了好几遍，差点要把纸张戳破。

最后撕下那页，揉成团，丢进了垃圾桶。

然后转身拿起桌上的矿泉水瓶，毫不犹豫地丢进了垃圾桶里。就好像扔掉了一个很重很重的包袱。

瓶子的喜欢就像是菊花开在了冬天，它固然惊艳，但错过了季节也只能自生自灭。

她说，狗尾草的花语，是坚强。

可是就算是坚强到掉泪最后也不过是一场空。

⑧

　　2012年9月至2015年6月，L用三年时间去喜欢了两个女生。

　　与此同时，瓶子用"我喜欢你与你无关"的傻气去喜欢L。

　　我不知道这场筵席散场之前瓶子有没有把自己准备的明信片送给L，但这都不重要了。

　　瓶子之于L，还是L之于瓶子，最终也不过都是匆匆过客，过了，便不再是客。

　　不是每个人的喜欢都有好结果，也不是每个人的故事都是以我们期待的美满结局收尾。

　　没关系，爱对了是爱情，爱错了是青春。

　　在瓶子与L的青春里，我不是主角，但很幸运，我是这场青春的见证者。

她们的故事

洪夜衣

唐　宁

把精致的书签取出，我合上《厨房》放在床头，脑海里反复着雄一和美影的故事，切切祈祷着自己能比他们要幸福一点儿。

我是唐宁。十七年来我的人生旅程并不孤独，我的亲人我的朋友我的少年都陪伴在身边，左右的人在黎明的雾霭中挥手微笑，在阳光下久久伫立着，在我睁开眼就看得到伸出手就碰得着的地方，让这一切看起来简单而纯净，不能再美好。

我的少年爱穿深蓝色的毛衣配牛仔裤，这让本就清秀的他越发干净如斯，我迷恋他笑起来的样子，像夜晚的星星一闪一闪。他是个有点儿孩子气的男生，然而做理科题目的时候却总灵感不断，提笔便刷刷地写，我喜欢坐在他身后侧过身，歪着脑袋盯着那只有魔力的右手，它总能让他的理综试卷得到一个高得令人发指的分数。

有人说，男生认真时候的模样最好看。果真如此啊。

有时候看着他我常常会发起呆来，脑袋瓜里想着这就是我的少年啊，充满活力又帅气迷人，就是他，像画在我年少记忆里的一道彩虹，让我无法抑制那翩然而至的情愫。这样想着竟然越发骄傲起来，觉得我喜欢的人怎么这么棒像个太阳会发光。可是发现他遥不可及时就微微有点沮丧，难过地低头盯着自己的化学试卷默默无语，就这样，变化多端是我十七岁纤细敏感的小女子情愫的真实写照，而他永远不会知道身后思路天马行空的我。

可有一次他解完一道难题后回过头来拿笔敲敲我的脑门儿，忍着笑意问我干吗老盯着他看。还会说我把他看得心里发慌。

以至于我极度怀疑他后面长了只眼睛。

因为我名字里的宁字，周围的很多人都爱叫我宁姑娘，时间长了我便习惯起来，可少年他偏偏不那么叫，只爱一个劲儿地喊我小灵灵，小灵灵，还故意把最后一个字咬得很重，摆出一副存心要气我的表情。有时候我心情不好也会跟他生气，他话音刚落我就想冲过去打他，可是少年眉眼弯弯地在阳光下站得笔直，那副听凭处治的模样让我实在不忍心下手，他就是明知我嘴硬心软，才抓住我这个弱点不放。

我本身是个心直口快的人，被他惹急了就抓着他的胳膊气急败坏地说，你不过就是仗着我喜欢你。

这时候他澄澈的眼睛就会更亮一层，带着笑意像极了眨眼的星星。

我知道啊，他也是喜欢我的，这让我变得越发骄傲。可是我也知道，我们的年纪还太小。

未来的变数千千万万，我期待过憧憬过害怕过迷茫过，却更愿去珍惜当下温脉的生活。

阿　　娇

阿娇不如我这般幸运，她是个一腔孤勇爱得热烈的小清新女子，原本她的优秀和光芒都该让我自惭形秽，然而她曲折的情路和为爱不顾后果的行为却让我隐隐为她担忧，这是个外柔内刚的女孩儿啊，为了所爱之人她将自己所有的原则统统抛弃。我想将她比作柔韧的草，却发现清秀又不失傲骨的她更像是朵冬日里盛放的梅花，在皑皑白雪中那抹殷红熠熠生辉。

更巧的是最初见到阿娇是在冬季的街头，自此我对她的印象便定格在那个把脸埋在暖和的围巾里的女孩儿。后来相处得很棒，因为我们身上的共同点很多，她很可爱很热情，被伤害后她只会告诉我是心底的爱把她变得更美好。

后来因为学业我们被分隔两地，距离很远但一直都有联系，每次来信她都会附上各种文艺的明信片，并叫我放心，无论怎样她都会将自己保护好，因为她要成为太阳，温暖自己也温暖她爱的人。

我相信她可以看清自己的心，因为她是那么理性那么坚强的女子。我同样十分认同她的观点，因为热烈美丽的她确实像个太阳，融融的情谊给人带来光明和温暖。

阿娇的小男友我不认识甚至不知晓他的姓名，只知道那个人对每个女孩儿都很好，所以异性缘是十分不错的。那个人担任她男友几个月之久，其间做过许多很过分的事，可那些常人无法忍受的过错都被好脾气的阿娇咬咬牙忍了下来，因为这个女孩儿是这么善良又执着的啊，认定的东西她便不愿轻易放手，宽容和谅解是她认为自己分内的事，每次心软得瞬间让她这样痴恋着那个男生。

他会在她生气的晚自习，盯着她看好几个小时；会在同学面前装作不经意地放下棒棒糖想要哄她开心；会在放学后故意走得很慢等她收好书包一起出校门；也会在拥挤的人潮里用手护着她或是挽着她找一条人最少的路。

当然这些都是阿娇通过写信告知我的，她明知自己是带着感情色彩地去听去看去想，却还是抑制不住自己的心软，很轻易地就被感动了。

有人说，恋爱中的女孩子大多智商为零。果真如此啊。

十七岁女孩儿的勇气是什么呢？是你穿着浅粉色的马海毛遇到曾伤害过你的人，傲然地在她们面前走过不作停留；是你对周边的每个人都付出真心，哪怕你知道有些人根本不值得；是你遭到冷落后绕着操场一圈一圈地跑；是你无论发热感冒还是难过得几乎窒息，都会告诉身边的人说你很好；是你被同桌关心为什么这么憔悴后感动得几乎落泪；是你敢于承担这个年纪的责任和过错；是你面对冷嘲热讽时的淡然处之；是你坦然面对成长中的风霜雨雪，一次次地站起来；是你拼尽全力地努力着爱着这个世界；是你可以抛弃底线忍受孤独奋不顾身地喜欢一个人；是你心底明知他对每个人都好却还是告诉自己他是特别的存在；是你明明可以选择更好的人却死乞白赖地追着那个不喜欢你的人。

　　阿娇是这样的女孩儿，我亦是。这样的十七岁，孤单又热闹着，很多人都会拥有。

方　　乐

　　方乐是令人艳羡的富家女，如果把她放在古代，那就是王府的千金小姐。正是这种身份，造就了她典型的少女性格，她喜欢粉色，喜欢词人李清照，喜欢看《安徒生童话》，喜欢希斯内罗丝的《芒果街上的小屋》，喜欢电影《初恋这件小事》，喜欢把草莓捣碎和牛奶混在一起，喜欢吃芒果和巧克力，喜欢买天喔蜂蜜柚子茶。她花钱很大方，人也很漂亮很可爱，是个不解世俗、涉世未深的小女孩儿，她不如我和阿娇的默契和深沉，她有自己独到的天真与活泼。

　　我认为有句诗很适合她，不做人间解语花。

　　像方乐这种清新灵动的富家女，心底期待刻骨铭心的爱恋，注定拥有一场不平凡的喜欢。

　　高中开始就有很多人对她死缠烂打，乔伊便是其中最盛。可惜了这个敏感的文科男，用最老土的写情书方式向她表白，自然遭到她不留情面的拒绝。他写周敦颐的《爱莲说》："你，出淤泥而不染，濯清涟而不妖……"

　　方乐翻着白眼把它扔给我们后，乔伊当即成了全班的笑柄。

但乔伊毕竟是乔伊，不会轻易被打败。他后来又给心仪的女孩儿发简讯，引用了林徽因的《你是人间的四月天》，结果彻底被方乐拉进了黑名单。

方乐的身份原本可以让她成为众多草根心目中的女神，虽然她也的确做到了，但那雷人的追人方式还是让她在校狠狠地出名了一把。

这个单纯过头的妞儿把喜欢和讨厌划分了一道严格的界限，而苏泽就是她的阿波罗她的光。

那个男生曾陪她放风筝，也曾骑单车载她回家，甚至在她受伤时背着她跑去医院，这使得他在她心中的形象光芒万丈起来，自然而然地对他产生好感。然而归根结底，他们只是儿时的玩伴，两家人关系很不错。

那次生物竞赛，正巧在他的校园里，方乐提前交卷冲了出来，拉着我在他们教学楼下不停喊他的名字，然后铆足了劲儿用洪亮的声音喊："苏泽学长，我喜欢你！"

我坚信，方圆十里都听得一清二楚。

这件事闹得很大，最后连教导主任都出马了，可在见到方乐的父亲后却只是和善地笑笑，两个人握过手后，方乐便灰溜溜地被他拉走了。

最后那个屈从于现实温暖的男生还是选择了一个平凡的女孩儿，但方乐霸气侧漏的追求方式还是让她再也无法低调起来，走过她身旁就可以感到来自四方的指指点点。

最后方乐哭得很伤心，也许傻帽过头的她根本没设想过这样的结局，但在我心底却是由衷地佩服她。

至少她可以不顾身份地位，不顾世俗的眼光，去喜欢一个根本不可能的人。

至少在那一刻，她是一个最快乐的人。

故事到这里

　　我是唐宁,阿娇和方乐是我的中国好闺密,她们都艰辛并快乐着走在幸福的路上,排着队拿着爱的号码牌。
　　那么,愿我能成为你们的小太阳。
　　愿我爱的人过得比现在幸福。

谁是谁的一道风景

画 眠

她初次见着他的时候，他似乎正在验算一道烦琐的数学题。她隔着连廊看着对面教室窗边的他，飞舞的蓝色窗帘把视线打断又连接，像一群扑棱着翅膀的蓝色鸽子。她看得整颗心都愉悦了，他鼻梁上斯文的细边眼镜，细碎微长的刘海儿，甚至连他微蹙的眉头都看得清楚。她心想，早些时候怎么不知道学校里有这样好看的人呢？以至于想得太入迷，连老师叫她的名字都没听到，直到同桌拍了她一下，她才惊觉站起来，在同学们的哄笑中绯红了脸。她懊恼极了，眼角再一次瞟过对面教室，他好像也向这边看了一下，嘴角似乎也正在上扬。她突然间心慌起来，匆匆收回视线，心中似乎被一只蓝色鸽子翅膀抚过。她的心不在焉让老师气极，拍着讲桌叫她下课到办公室去。她小小地烦恼了一下，但又立刻觉得这是值得的。突然又担心自己这样"鹤立鸡群"地罚站会不会被他看见——哎呀，被注意了才好呢！她微微有些得意，竟希望这次的罚站时间能够再长一点儿。

从办公室回来，她走向教室的步伐急匆匆。老师讲了什么没听清楚，一心只考虑着怎么打听到那个男生的名字，直接问其他同学又觉得面子上放不开，又一时想不到还有什么其他办法，心想干脆回到座位再好好想想。一想到又可以透过窗户看到他的样子，她觉得自己的心脏都在急促地跳动。她把手放在胸口，隔着薄薄的校服料子，她的手掌被剧烈跳动的心弄得痒痒的。她突然为这种急不可待的冲动害起臊来。嗯，一定是走路走得太急了。她这样说服自己。

　　一回到教室，她的视线就慌慌张张地越过座位透过玻璃飞向对面教室。但映入眼帘的却只有一抹蓝色。大概是因为阳光太过强烈，他将窗帘全部都拉上了。厚重的窗帘下，连他的身形轮廓都看不清楚。她站在教室门口呆愣了一会儿，觉得那颗刚刚还躁动不安的心此刻变得像那块窗帘一样厚重，被失落的感觉填充得满满的。她突然想起上课时他转向这边的视线，原来那只不过是侧身拉窗帘的动作罢了。从她站起来的时候，两边的视线就已经被阻隔。

　　她闷闷不乐地回到座位，为自己的自作多情有些懊恼。她又望了望那块该死的窗帘，觉得没精打采。同桌为她上课时的走神发呆笑得前仰后合，嗓音带着青春期男生特有的沙哑，"嘎嘎嘎嘎"，一刻不停，夸张不已。她趴在桌子上，耳边是同桌的聒噪，心想，自己的同桌怎么不是他呢？

　　整个下午，那块窗帘都没有被拉开，白得晃眼的阳光反射回来，刺得她的眼睛有些发酸。她心里开始悄悄咒骂起毒辣的太阳来——都是这阳光让他不拉开窗帘，让自己才刚刚看了他一会儿就要被这思念折磨得坐立不安。她甚至想自己的手臂如果能像海贼王里的路飞一样变长，能越过连廊直接把窗帘拉开就好了。想到这些，她又低低地笑了起来。

　　同桌注意到她的笑声，认为她是从被老师"请喝茶"的阴影中走了出来，嬉皮笑脸要和她讨论她即将到来的十八岁生日。她皱了皱眉头，为自己正在欢快奔腾的思想野马被同桌拉回现实有些生气，不明白同桌为什么要对自己的成人礼这么上心。真是的，又不是他自己的生日，管这么多干吗？真讨厌。她撇撇嘴，再一次想，要是自己的同桌是他就好了。

　　老天似乎是故意和她做对，一连几天都艳阳高照，自然，她也再没有机会透过窗户见到他。他似乎是个艺体生，因为每当晚自习开始，太阳落山，窗帘终于有机会被拉开的时候，他的座位都是空的。她为见不着他而着急，课自然是没心情听了，满满都是计划着怎样在晚自习上逃过老师的眼睛，好跑去艺体生上课的地方看他一眼。就看他一眼，真是太想他了，她觉得她的心里像是住了一只小虫，时不时蠕动让她心痒难耐，偶尔咬她一小口又让她疼得鼻梁发酸。这种感觉使她连渐渐接近的十八岁成人礼都不想理会。

十八岁那天，她坐在座位上静静地望着对面教室，将那个生日愿望许在了那块窗帘上。一整天，她都被希冀和委屈的感觉充斥。她心想，自己怎么那么可怜呢？好不容易遇见了一个喜欢的人，却偏偏这么倒霉，连在自己的生日这天都不能再看他一眼。果然，一直到放学，那块窗帘都没有被拉开，她委委屈屈地站起来收拾书包，最后一次将视线投向对面。

对面的窗帘突然晃动起来，似乎有被拉开的趋势。她的心仿佛一下子飞了起来，剧烈地撞击她的胸膛，那只蓝色鸽子的翅膀"忽"地从她心上掠过。她抿起嘴唇，绷紧了身体，脸部灼热的温度毫不掩饰她的期待。

"哗——"蓝色波浪退去，波浪后立着的却是一个娇小的短发女生。女生拉开了窗帘后又坐下。她愣了半晌才慌张地用视线寻找他，这才明白过了这几日，他班上的座位已经被换过了。

太多的障碍阻断她的寻找，她的眼睛渐渐浮上一层水雾，咬着嘴唇跺了一下脚，哼，有什么了不起！她背上书包低着头只想快点离开这个地方。正要出教室，却突然被人拦住，一句"生日快乐"劈头盖脸而来，接着，一个一人高的玩具熊被强行塞进了她怀里。她心里一惊，泪眼蒙眬地抬起头，透过眼泪，她看见同桌的表情由洋洋得意变得僵硬。隐藏的情绪被外力打扰就再也压抑不住，她冲着同桌发脾气："你怎么这么烦啊！"

她一路冲出学校，带着糟糕的心情，以至于连玩具熊都忘记了扔还给那个总黏着自己烦人的同桌。她站在公交站台挤公交车，抱着巨大的玩具熊很不方便，好不容易气喘吁吁挤上了车却又因为玩具熊所占的不小空间惹来其他乘客的埋怨。她的心情坏到了极点，闷热的车厢让她的汗水像一条蛇一般顺着后背心黏糊糊地往下滑，怀里的毛绒玩具更是让她的汗水把胸口都打湿了。玩具熊耳朵上别着的小卡片上，蓝色签字笔一笔一画写出的工整的"生日快乐"也被晕开。她的脑海里又浮现出同桌那张讨人厌的嬉皮笑脸的表情和他这些天不停询问她生日时的聒噪。

真讨厌，我生日关他什么事啊。她低头看着怀里的累赘，再一次想，为什么我的同桌不是他呢？

车厢蒸腾的热气发酵了她的思念和委屈，他的侧影像是涨潮的海水，一点儿一点儿漫上来，直至占据整个脑海。她望着车窗发呆，却不知，此时她的身影俨然成了那个以为自己惹恼了她而赶来安慰她的少年的一道风景。

我的外婆葛娭毑

午后难得的晴好，空气中似乎有微细的烟尘在阳光中袅娜地舞动，仿佛载着各家各户的年味就要升腾起来。刚刚走到保全巷的口子上，就看到了葛娭毑。她穿着我熟悉的那件红格子罩衫，手里拿着一把大蒲扇，英气勃勃地给挂了一溜的熏鱼、腊肠赶虫子。

我的外婆葛娱驰

李苏立

午后难得的晴好，空气中似乎有微细的烟尘在阳光中袅娜地舞动，仿佛载着各家各户的年味就要升腾起来。刚刚走到保全巷的口子上，就看到了葛娱驰。她穿着我熟悉的那件红格子罩衫，手里拿着一把大蒲扇，英气勃勃地给挂了一溜的熏鱼、腊肠赶虫子。我便知道，她大约又是忙了好几日。

每年腊月里，葛娱驰总要熏上许多的鱼肉，或是分赠亲友，或是贮藏起来留着以后慢慢吃。她做的熏鱼也好腊肉也好，滋味绝佳，上锅一蒸满屋飘香；灌的香肠切片炒菜，便连蔬菜也沾了一味肉里的咸香，实在叫人胃口大开。尤其小时候，总觉得这是无上的美味，一家人围着圆桌吃饭，每每筷子下去时，是要眼明手快才行的。

只是做这熏鱼腊肉腊肠也是不容易。从小看着葛娱驰入了腊月就忙个不停。鱼养在自家水缸里，一条条地开膛剖肚、清洗、腌制、熏烤；猪肉是找乡里亲戚淘换的农家自养的猪，肠衣更是剥洗得干干净净，再加调味灌制，晾挂起来熏烤，总要忙上好多天。这几年家里总觉得她年纪大了，劝她少做些。可她总是不愿，说是做惯了的，亲友都有好这一口的，且外面买的不知放了些什么"添加剂"，还是自家做的吃了放心。更何况，老儿子家在千里迢迢的上海，两个最小的孙子孙女也总要念叨吃奶奶做的鱼，简称"奶奶鱼"，拍了视频在里面说"奶奶鱼最好吃"，传回来，葛娭毑看了恨不能再做上几十斤。

"葛娭毑哎！"我笑着喊道。我喜欢这样喊她。原本乡里喊外婆，是喊作"嘎嘎"的，小时候也确实这样喊过一阵，可不知道从什么时候起，我就跟着大家喊起"葛娭毑"来了。没错，左邻右舍，乃至街上偶遇的熟人，都喜欢这样喊她，她是热心肠能话事的葛娭毑。我们全家乃至家里最有威严的外公，也都喜欢这样喊她，她是全家最能干最可爱的葛娭毑。一声"葛娭毑"荡气回肠又平添许多亲昵，就连上海的小舅妈，每到临湘来，都入乡随俗要喊一声。

有一次小舅妈看到外婆的身份证，吃惊地问："这里写的妈妈姓周？为什么倒喊起葛娭毑来了？"我故作神秘地说："这里头是有缘故的……"的确是有缘故的。葛娭毑母姓葛，父姓周。她刚出生的时候，她的父亲，我的曾外祖父在国民党南京政府任职，葛娭毑也称得上是锦衣玉食，大家小姐。然而这样的日子不过三四年，战争导致亲人离散，曾外祖父随军溃逃到了香港，曾外祖母带着她和姐妹回到老家。日子虽然艰难，却也还有重逢的盼头。只是痴心的曾外祖父放心不下妻女，竟又偷偷跑回来，泄露了行踪，被就地正法。母女四人因为这一重出身，生活便很不好过了，也是自此，葛娭毑跟了曾外祖母姓葛。几十年后，香港的曾外叔祖重新和家里联系上，在曾外叔祖的要求下，葛娭毑才又认祖归宗改回了周姓，只是葛娭毑到底已经成了大家口中的葛娭毑，并不是周小姐了。

这一段电影情节般的过往底下，是实打实的沧桑人生。葛娭毑小时候吃不饱，候在江边，捡那过路船家洗菜时扔掉的菜叶子回家；又常去割了茼蒿，也没有油，水里煮熟了便吃……到现在她还常常念叨，茼蒿不要空腹吃哦，吃了心里潮不好受。但那时又哪里管得了心潮，肚子且空着哪。小舅舅家的小表妹考上了一所口碑不错的民办小学，葛娭毑听说了却即刻去问："为什么不让上公办小学呢？"虽听了解释，如今倒是有些私立的学校比公立的学校教学更好些，到底有些意难平。只因她小时候因为出身成分的问题，被公办小学拒收，只勉强上了当时比较差的民办小学，处处被人瞧低，所以总觉得不能上公办小学是缺憾……

然而一切的沧桑，并没有把葛娭毑打倒。她凭着自己好强的性子，无畏的胆子，硬是把自己的人生活出精彩来了。十六岁独自一人离家坐火车到长沙寻远房的舅舅谋事做，人生地不熟就敢下了火车买一张五分钱的公交车票自己找到家；二十岁嫁给外公，起初外公在镇上工作，她独自到人生地不熟的村里和公婆小姑住着，忍着别人对她出身的指摘议论，学着做乡里媳妇该做的一切农活，而且还要做得人家服气；千里不同俗，乡里许多原本她完全不懂得做的吃食，她看人家做了，回来便自己学做，一做便必要做好，熏鱼腊肠都是那时候学会的；年轻时生四个孩子，都是做活做到生的那一天；把家里家外操持得利利索索。外公没有后顾之忧，工作做得越来越出色，从镇上调到县里又调到市里，军功章也有葛娭毑的一半。无论到哪里，她都有本事把一切的"人生地不熟"扭转为她的主场。甚至在小舅舅暂居德国的时候，接葛娭毑过去探亲，小舅舅在上班舅妈在上课，她就敢一个人走到几公里外的超市去买东西。那时候，她已经六十多岁，语言不通，手机也不带一个，见了德国营业员大大方方打招呼说："Hello。"买了东西妥妥当当地回家了。舅舅舅妈吃惊，她却说："有啥好怕的哟，这点子事算什么咯！"她永远都是无所畏惧、充满自信地将生活变成她的主场的葛娭毑。

现在的葛娭毑，子女成器，生活无忧，骨子里的好强和无畏却也没有抛下。凡事能做的，便要坚持做；不会的，必要学得会。别的不说，七十岁的老人家，年轻人的手机微信iPad样样玩得转；一有空，孝顺的大舅舅还带着她四处旅行，哪里都去得。有一次玩漂流，管理人员问她："老人家，你有六十岁没有？行不行？"她手一挥道："怎么不行，我年纪轻着呢！"

阳光里，"年纪轻着呢"的葛娭毑穿着红格子罩衫、手拿大蒲扇，听到我的喊声转过头来，笑容绽放，兴致勃勃地喊："立宝宝，回来啦！快进屋，我做的你喜欢吃的糍粑在屋里……"是的，她还是一个惯孩子的老人家，为的自己吃过苦，便要叫孩子再不吃那些苦。而且，她也做到了。

"葛娭毑哎，你可真好……"我轻轻过去搂住她，空气中有年的味道，家的味道。

是的，有你在，便觉得生活有家，有主场，没有什么可怕。

风色正好，风月无边

bottle

那天醒来的时候大半个中国都下雪了，很多城市一夜之间回到千年前的模样，我的窗外天空阴沉沉的，天阴欲雨。

我住的城市它不下雪。

雨天的时候有朋友从珠海过来，我们笑她很会挑时间来。

她是南墙。

南墙和我是第一次见面，我一转身就认出她，挥手打了个招呼："嘿！"

有一年，年初的时候看星座运势说，射手座的今年会认识到很多新的朋友。而我的确认识了一群新圈子里的人，她恰好是其中一个。

那一年，博吧里还活跃着很多的铂金，我一个小新人没多一会儿的时间就活跃成红裤衩——就是十级以上的贴吧成员。在一个帖子里和她互动，深夜两三点互相回复着毫无意义的对话，像秉着烛低语，无声更有声，聊到好笑的地方窝在被子里不敢笑出声，有烦恼也跟她讲。她一向支持我的喜欢，那时候我像回到了初中的年少青葱，干起了追星这种事情，而她也不像别人那样说我，你怎么这个年纪了才开始追星，她告诉我，你喜欢的那个人笑起来可真好看，你眼光很好。

气场对的人会在第一时间就抓住彼此的缘分然后开启一段友情，不浪费友情的时限长度。

我已经想不起来我们认识到底是两年还是三年了，最近总是在感叹时光易逝，很多人一转眼就认识了几年的样子，这期间有人来有人离开，慢慢地就看淡了离归来去，而她还在。

真人比网上我们聊天的时候更加霸气侧漏，我最喜欢她的唇形，嘴角总是微微上翘着，不笑的时候也像是在微笑，有点儿孩子气，美得很。

吃个饭也是颇有指点江山的大气，我喝了大半瓶她点的青瓜汁，清爽可口，她蘸着超级辣的辣酱吃着火锅。听同行的朋友说她们上一次见面，吃的烤肉，全程都是南墙在烤，朋友只负责吃。

有一次我在睡觉被室友吵醒，生气之下我也挑着一个全寝室都安静的时候打起了电话，讲得旁若无人，全寝室就我一个人的声音，讲了足足一个小时。讲完电话后又觉得内心不安，这样类似于报复人的行为其实并不好受。

敲开她的QQ跟她讲了这件事，并且反省了自己的行为偏幼稚了点，像一个打碎了花瓶的小孩儿主动认错企图获得原谅，而她告诉我，干得漂亮。

我就像是被她宠着的小孩儿，放肆游走。谁会在你干了坏事后还告诉你干得漂亮呢？那晚放下手机睡得心满意足。

正像见面没有拥抱，完全不像是第一次相见，我们告别也没有说再见，她上了车回了酒店，我们等着车也回自己的住所。第二天各自忙无法联系，第三天她回珠海。走的时候发了消息，我走了啊。

好，路上小心。

知道啦。

雨终于还是停了，突然的蓝天美得像刚烧出来的瓷器，干净清透。

我还是想不起我们认识在哪个季节，认识了几年，顺其自然地就让时间推着我们缓缓往前走，感情不好不坏，比平常人更亲密，我也没有几个人比和她还亲密。

风色正好，风月无边。

一盒巧克力

草帽儿先生

我觉得啊，我们家就像一盒巧克力，因为我永远不知道，下一秒迎接我的会是什么样的味道。

在开头我要加一个大大的PS，因为我家老爸老妈说，手机通信录的备注里不能直接写"爸爸妈妈"，不然手机丢了以后被不法分子利用了多可怕（为什么要这样诅咒我的手机），于是从此我就叫爹地"苏苏"，妈咪"柯柯"，叫我家老弟……嗯连名带姓地叫他。（但是我不能暴露他真名呀，咱们就随便叫他苏小明吧……）

01

我要进房间，苏小明同学刚好堵在门口，我伸手拨他："让开。"

偏偏苏小明闲得无聊打算搞事情："你要说请。"

"好吧，请让开。"

"称谓呢？"

"苏小明请让开！"

"你要说亲爱的小弟请让开。你看我一直都叫你姐姐。"

呸，这个房间我不进了行吗！

02

我时不时会对苏小明进行洗脑教育："你以后要像肖奈一样！"
"没看过，不知道是什么样。"
"就是那种长得帅是学霸还特别疼姐姐的人。"
"听你这么说就知道肯定不是这样。"

03

某天午睡醒来，刚好要发某张图片，按进图库之后我吓得一哆嗦，整整一大页都是我睡着时候头发凌乱、嘴巴微张、姿态怪异的照片……

苏小明同学，你这样做很容易失去我的！你知道吗！

04

有一天苏苏问苏小明说："你咋不是神童呢？"

我还以为苏小明会开始自吹自擂自己已经是神童了之类的，结果他只是回了苏苏一句"因为你不是神父啊"。

可以，很强势。

05

有一次周末一家人准备出门，结果苏小明老师临时打电话来通知说"下周末的作文竞赛挪到这星期举行"。

我就想去问问大餐要不要改天吃，结果苏苏带着柯柯去餐厅过二人世界，留下我的理由是"小弟去竞赛需要人接送和加油"。

06

我和老爸聊天全是我刷屏，他十天半月地不回我，后来我发现，如果我发完消息顺手给他来一个红包的话，五分钟之内就能收到回复。

不带这么坑女儿的！

07

我家苏苏是那种，平常说普通话还算标准，一唱歌就high得不知天南地北，不仅跑调，还走音的人。

于是我在他"姿子发嗨呀嗨，姿子发嗨呀嗨"的歌声里，无奈地问柯柯：你当时怎么就嫁了他呀？

08

有一段时间我经常和苏小明怄气，然后我一言不合就会把他的手机锁进我书桌的抽屉，让他急得跳脚。

结果没过两天我就发现我抽屉的锁好像坏掉了，苏小明把他书桌抽屉的锁拆下来把我的锁调包了。

Excuse me？少年郎，做人要厚道啊。

09

我们家是不给零花钱的，也特别反对吃垃圾食品。我还在家的时候靠着我的稿费撑着偷偷买零食，我一上大学苏小明一个人就要崩溃了。他开始给我发QQ跟我说他蓝瘦香菇，让我去逛淘宝选零食。

——你选的时候要想着你可爱的弟弟，然后好吃的都寄给他。

然后柯柯跟我说："你不会问他有好吃的时候有没有想着可爱的姐姐，把最好的留给姐姐？"

果然我们家还是更疼女儿的。

10

——苏小明！我立定跳远跳了两米一！我们体育老师说，立定跳远跳多远，以后男票长多高！

——看来你注孤生了啊姐，认清现实吧，你是要跳起来打你男朋友膝盖吗？

——滚！

11

福建省十月中旬天气骤降，就是前一天穿短袖还嫌热，一觉醒来，穿长袖不加外套的话还会冷。

苏小明就开始给我发窗口抖动，我问他咋了，他说他一大早起来冷得发抖……

要我表扬你语言表达形象生动是吧？

12

某天我让柯柯给我汇两百块钱，她嫌麻烦直接就用微信转给我了，过了一会儿我又收到短信提醒说银行卡里又汇入两百块。

——老妈，你怎么又给我汇钱了？

——我试一下用银行卡汇款。

可以的我的娘,你还可以多试几次。

13

国庆节假期我打算回家,于是提前跟柯柯打了招呼,让她备好大餐等着我回去。

——吃什么大餐,得给你吃一些剩菜剩饭,那样才有家的感觉啊。

柯柯说得好有道理,我竟然无言以对。

14

苏苏要去超市,我让他顺便给我带根棒棒糖回来,不一会儿他就给我打电话。

——喂,你要的糖叫什么来着?珠穆朗玛还是喜马拉雅?

——是阿尔卑斯……老爸你是不是不爱我了,连五毛钱的棒棒糖都不给我。

15

苏小明有一段时间在看《海贼王》,柯柯看见了就来问我:小明他是不是在看那个《加勒比海盗》?

娘啊,不是所有的海盗都来自加勒比……

16

俗话说,老虎不在家猴子称霸王(怎么感觉我在骂自己)。

外公眼睛白内障去手术，柯柯回家照顾外公，于是在我的极力怂恿之下，苏苏带着我和苏小明吃完麻辣烫吃冰淇淋，吃完冰淇淋吃西瓜。

第二天成果显著，嗯，我们三个人都拉肚子了。

17

柯柯买了一个健美秤回家，自此每回轮到苏小明去洗碗，他就会把体重秤搬出来，自己站上去称体重。

然后委委屈屈地说，我都瘦了你们还叫我干活。接着苏小明就硬赖着不去洗碗，最后任务都落到我身上。

我这么单纯，你套路却那么深。

18

还没有来大学报到，我就开始烦恼到时候不知道要吃什么好，于是就跑去跟苏苏诉苦。

——大学要叫外卖好烦恼哦。不知道吃什么好。喂你有没有在听啦。

——听到了。你可以吃方便面啊。

对不起我想去调查一下我到底是不是亲生的。

我们家有一个奇特的传统，比如我小时候英语考一百分，柯柯说那是她优良基因的遗传。比如苏小明参加"海西杯"作文竞赛拿了一等奖，我说那都是他在我这个姐姐耳濡目染下的结果。

其他的不敢说，至少我现在这么乐天派的性格，真的是这个家庭欢乐氛围给我的最大的恩赐。

谢谢你们这么爱我。

致最爱的你和最矛盾的你

简墨绿

我一个人走在路上，没有戴围巾和帽子，冷风从我的领口灌进去，像是喝了一杯加了冰的水，从喉咙一直冷到心底。

东北的冬天很冷，今天天气稍暖，不过早上依旧没有太阳。风很冷，刮在脸上很疼很疼。一大早出门补课的我，感到满满的疲累。其实我只是从昨天晚上心情不好，然后延续到今早，然后我的情绪引发了妈妈的不满，最后我沉默地离开家里，关上了那扇冰冷的门。

我不常和妈妈吵架的，可是我就是不知道，为什么生活总是把我排好序的东西一件件地打乱重分。原定的计划没有完成，说好天不亮就出门，因为饭太烫，头发太乱，鞋带系得太松或太紧而拖到天已经变成蓝色。在这些时候，我的负能量就会满溢而出，学过的几何题怎么也证不出，写好的文章怎么也找不到，最爱的摩卡怎么也喝不出香醇的味道。生活被打乱，我的心一下子变得好涣散。

于是这种时候，我总会不自主地迁怒到周围的人，明明他们没有做错什么。每次看到亲人落寞地离开，即使我的心里一再挽留，可还是抵不住我如同火山爆发的情绪。

我一直想做一个优秀强大的人，可以为周围的人遮风挡雨，但是后来我发现，为他们带来风雨的人，好像一直以来都是我。

我很爱你们，爱这些比爱自己更爱我的人们。可是我也很矛盾，因为我不知道如何去爱你们。

有那么一个冬天的早晨，我迷迷糊糊地醒过来，躺在柔软的大床上用胳膊支起头，看到妈妈穿着灰色毛衣，站在客厅里，隔着一条过道，看着熟睡的我。

她好像在看着我，可又不止看着我。那种眼神好像穿越了很多，直达我的心底。

我突然觉得她一切都懂，懂我的言不由衷，懂我的心口不一，懂我的喜怒哀乐。知道我的愤怒是出于无奈，知道我的情绪背后隐藏着不安，她看着我长大，看着我越变越好，看过我最灿烂的笑容，也知道我曾在深夜里哭泣。她理解我的悲伤沮丧，包容我那些过失和缺点，即使有时她不能理解我的举动，但是她选择默默支持。至少当我撞得头破血流，当我被伤得体无完肤，当我流离失所再也爬不起来的时候，她可以给我一个避风港。

在那里没有烦恼和沮丧，每一分每一秒都洋溢着幸福的味道。因为那个地方的一砖一瓦都是她亲手筑成的，用爱筑成的。

前几天在小诗的公众号看到这样一句话：我不支持你，但我依旧会陪你。用这句话来诠释爱和陪伴，最好不过。

我在一座北方城市里一条寂静无人的街道上慢慢走着，然后又想起一件很久以前的事情。说久其实也不算久，只不过它在我的记忆里漫无目的地飘荡了很久。一个冬天的正午，我窝在姥姥家看书，沙发又软又大，窝在里面刚刚好，坐在一边戴着老花镜看电视的姥姥突然接到一个电话，然后模模糊糊地听见姥姥和大舅在聊天。那边的大舅一个人在家，突然想起姥姥这边已是冬天，遂打来电话来问候。听话筒那边的大舅说要给姥姥汇款，姥姥忙说不要不要，照顾好自己就好。又聊了一会儿，姥姥挂断电话。还不由自主地和一旁的我说起大舅的事，一面说大舅关心她，要给她汇款；一面说大舅一个人在家，会不会好好吃饭。我一边看书一边听着，突然发现姥姥眼睛微眯，笑得很幸福。手边的核桃露散发着香甜浓郁的气息，我放下手里的书，拄起头呆呆地望着窗外。

我想，有一天，我的妈妈也会变成这样。为了儿女的一个电话而欣喜不已，记得他们很久以前的喜好，为了他们偶尔一次的回家而把家里收拾得窗明几净。那时她头发花白耳朵也听不清，但是心依旧澄澈明净，装着她最爱的我。

妈妈一直陪在我的身旁，为我做了很多很多。有一段时间我学习压力很大，每天放学路过美食街总对着各种小吃垂涎三尺。在一个下着雨的傍晚，我在家写作业，妈妈出了门，不知道干什么去了。过了一会儿，妈妈回到家，鞋也没换就走进我的房间，递给我一杯满满的关东煮。关东煮冒着热气，妈妈的头发还在滴着水。我连忙低下头狼吞虎咽，让热气挡住我即将流下的眼泪。妈妈不喜欢这类小吃，也从来不吃。但是只要我喜欢，就算被雨淋湿，她也心甘情愿。

我们都是孩子，即使沉重的现实压得我们喘不过气来，每走一步耳膜都在振动。可是有那么一个人，她就默默地跟在你身后，不远不近的距离。可能她带给你的感动不是最温暖的，但一定是最长远的。

这篇文章敲敲打打到这里，我突然有些后悔。为我无法控制的情绪，为我给她带来的那些伤害，现在亲爱的她正在厨房忙碌，包着我最爱吃的饺子。当然还会为我盛上一碗饺子汤。虽然我可能依旧脾气不好，依旧毛毛躁躁，但亲爱的你，你会陪我慢慢长大。你陪我长大，我陪你变老。这是多么美丽又深情的承诺。

周围的人都说我是个温暖感性的人，能给他们安心的感觉。其实我知道，我并没有那么美好，我还不懂爱的真谛。学会如何去爱，不让自己的爱为别人带来伤害，大概是一生都要努力去做的事。不过我愿意用很多的时间去弥补，努力变成一个更好的我。我会用心去爱那些爱我的人，虽然我还是会有些矛盾，但是人总会长大的。

时光回到那年寒冬，鹅毛般的大雪纷纷扬扬。妈妈在我身旁牵着我的手，向远方走去。天色很暗，可是她就在我身旁，像是一束光，温暖我全部灵魂。

她是我的依靠，是我这辈子的肩膀。

希望当我学会如何去爱的时候,阳光与你同在。你可以撒泼耍赖发脾气,这一次,换我来包容你。牵起你的手,我们一起,慢慢走。

走到那个繁花盛开的未来。

奇 遇 记

琉 筱

一月我过得浑浑噩噩，可能是你还没有出现，让我的生活一点盼头都没有。过年的时候我许下一个心愿，新年想做一个很酷的人——比如喝可乐只喝一半就丢掉，买酸奶喝完一定不要舔奶盖，以及遇到喜欢的人一定要头也不回地走不能有半秒钟的留恋。

可是仿佛从我许下这个心愿开始我就看得到结局了，毕竟你不知道她们都管我叫随心小姐。是怎么个随心法呢？大概是，当我纠结的时候我会让人帮我出主意但最后我还是跟着自己的心走，尽管我答应得毫不含糊我还是会听自己心里的声音，一如我还是把可乐都喝光了因为我不喜欢丢掉它的时候它会洒一地，我还是会把酸奶买回家一个人的时候再喝这样可以把奶盖舔得很干净因为它是一整罐酸奶的精髓，还有一月的最后一天兼职下班后当我从小卖部买完酸奶看到你走过的时候我一连串回头看了六次。

有趣吧，是的。

更有趣的是你来了。

如果时间可以倒退也许从我遇到你的下一秒我就应该跟你走，这样能省掉我好多找你的时间。

可是我还要做兼职耶，当我下班路过小卖部的时候我总会买一罐酸奶哪怕我不是真的很想喝，但我还是奢望当我付完钱回头的时候能看见你，看见你就好了，又也许我会过去问你要联系方式，可是先让我遇到你行吗？主啊，保佑我。但在这一刻我觉得我就像杨千嬅《少女的祈祷》中那个"为了他不懂祷告都要祷告"的少女，好在她没有得到主的眷顾，我得到了。

  有天晚上我出门的时候看到马路对面的楼梯口走出一个人，甚至不经意地一瞥我就知道那是你了，并且深信不疑。我跟在你后面五十米的地方走了很久很久甚至我都忘了要去兼职这件事，但是当我跟着你跨进酒吧的时候我竟然有种殊途同归的感觉——这不就是我驻唱的地方吗？我和我的乐队在这家酒吧唱了半年了，不为什么，只是它的生意很冷清，没有人会在意我在唱什么，只要我唱得开心就好了。

  然后我发现你几乎每晚都会来酒吧，以及你每晚都会点一杯蓝莓鸡尾酒，然后在纸上涂鸦，一涂就是一个晚上。哟呵，艺术家呢。

  但我远没有自己想的那么勇敢啊，甚至唱歌的时候我都不敢注视着你唱，只是有时候偷偷一瞥就望向别处，幸运的话还能跟恰好抬头的你对视，然后下一秒我会躲过你的眼睛。我一直在想有没有一个法子能让我跟你稍微有些交集，可惜没有。

  于是我决定不用斟酌了，随机应变吧。但是当我走到你身边还没开口的时候，我发现你在画一个背影，很明显，是一个女孩子的背影。大概是你喜欢的人吧？抑或是，女朋友？那天最后我还是没有鼓起勇气说出那句"你好"，毕竟你都有喜欢的人了。

  更讽刺的是那天天气格外的好，回家的路上我望见了好多星星，一点都不像多雨的春。

  在那以后我拼命遏制自己对你的好感，唱歌的时候宁愿看地上也不想看你，只是唱的歌都是苦情歌，明明我还没跟你在一起过啊怎么像失恋一样难受。

你知道人生最扫兴的事情是什么吗？莫过于生日那天还要去兼职。于是我一整晚不在状态，唱首我最喜欢的《少女的祈祷》还频频错词，本来自己就够尴尬了没想到我一错词你就抬起头扫过我一眼，这让我更难堪，虽然整晚酒吧加上你只有十个顾客不到。越唱越烦最后我干脆直接瞎唱想到什么唱什么，就当是一份廉价的生日礼物吧，反正我很开心。最后我说："今天是小爷我的生日感谢大家捧场。"说完我看到你在笑！你真的笑了！然后你冲我招了招手。

　　那天我是连跑带跳下了台，冲到你的座位边。你在那幅画着背影的画上写了句话，然后递给我："生日快乐啊，你真有趣。"我终于看清楚了，背影上的女生穿着牛仔阔脚裤，灯笼袖上衣，头发别在耳后，那是我的日常装扮，那也是我——画上的人。右下角你写"祝可爱的主唱生日快乐，有生之年天天快乐——Leon"。

　　此刻我希望你有透视眼，你就会看到我的心里满是蔷薇。

　　"要回家了吗？一起啊。"你闪烁着眼睛问我，真迷人啊。

　　我故作痞气："家？这就是我的家。"

　　你敲了我的头："净说瞎话。我都连续三个月送你回家了。"三个月？三个月前我刚找到的这份兼职啊。

　　"我晚上经常来这家酒吧画画，因为它安静。三个月前你来驻唱，你唱的第一首歌是杨千嬅的《少女的祈祷》，那也是我最喜欢的一首歌。那天晚上我离开的时候看你一个人走路不安全就跟在你后面送你回去，才发现我们离得很近，后来就天天送你了。哦对了有天快到家的时候你去小卖部买了酸奶，中间你回头看了一眼，我以为我跟踪你被你发现了，就很心虚地走在你前面了，哈哈哈看来你还没有发现。"你又一次冲我微笑，真好看。

　　我也笑了，好久都没有笑得这么开心——"好，走吧。"

　　——今夜的星光真美呢。

　　——你也是。

月光光，照地堂

米 程

ONE. 2015 的月光

中秋节。

"今天的月亮会很圆噢。"我企图告诉四岁的他什么是中秋节。

他专注着他的玩具，没理我。

晚上，他闹腾，我带他到阳台看月亮。

又大又圆的月亮！想起来好久没把月亮比作圆盘了。

他很兴奋，还发现了几只缓缓上升的孔明灯，以及不远处那只明亮的灯。每发现一个，就兴奋得大声喊叫，让我去看。

中秋节第二天。

"走，带你看月亮。"

天气阴沉，月亮没看见，反倒发现孔明灯。

中秋节第三天。

月亮还是没出来。

"程儿姐姐，月亮哪里去了？"

"我不知道。"

"月亮哪里去了？"

"我也不知道。"

"月亮哪里去了？！"他快要哭了。

……

"是不是喝牛奶去了？"（kimi的口气）他突然这样问我。

"是啊，他饿了。"我哭笑不得。

"他在哪里喝？"

"他的家里啊。"

"噢！"

再一次抱他来阳台，他好像很懂的样子："月亮去喝牛奶了，还没出来。"

"月亮呢？"不一会儿后，又反过来问我了。小孩子……

第四天。

月亮在黑云的掩护下登场，洒下明亮的光辉。

"月亮！月亮！"

中秋后这晚，他参与了我们的剥柚子。

已经是夜里十点多，老妹说要吃柚子。弟弟立即很兴奋，屁颠屁颠地跟着我去厨房拿水果刀，霸道着要自己切。

无奈力气不够，才不太愿意地转让刀子给他二姐。

那个晚上，我们三人一起剥着柚子，一起吃柚子。

TWO．2016的月光

一年。

我仔细端详着他，试图找出四岁到五岁的变化。

话说得非常顺溜了。

应该长高了一点点。

窗外他大哭大闹，试图挣脱老妈的双手。车子缓缓开走，我站在过道中间还没找到位子。他闹得更起劲了，几乎跌坐在地上，想追上车。老妈一直安慰他，拽住他。直到转角之后，看不到他。

返校，他也来送我。以为他会像上次那样，乖乖随着老妈回家。这次他的表现如上。

他还记得那个月亮喝牛奶的梗。但我们都只匆匆地扯了一句话。

乌云较多，朦胧了月亮。

"月亮喝牛奶去了。"

"噢！"我装着刚懂的样子，还鼓励他，"它等一会儿就出来了。"

又遇阴天。每个晚上，我们都出去看一会儿月亮。它总躲到乌云后面一会儿，然后又慢悠悠地掀开面纱。金色的晕洒在月亮周边，高远的天空十分澄澈。美得就像画。

以前我回去，他会怯生。从上上次开始，我回去，他会兴奋地打开门，然后抱住我的大腿。

在我眼里，他是个坚强的小男子汉。打针从不哭，上幼儿园也不怎么哭。一次我送他去幼儿园，他在自己的座位坐下。旁边的小女生和小男生热情地问他话，他十分高冷地兜着自己的水壶喝水。

再早一点。我送他去幼儿园，把他交给老师。他有点挣扎，但还是跟着老师进教室了。他眼里是满满的不舍，以及，莫名的一腔孤勇。他自己拎着大书包，辗转凳子之间。

一次我穿着舍服回去，他指着我舍服上各种食物的图案说：冰激凌，薯条，汉堡包，可乐……云儿曾带着他去吃肯德基。然后某天我们经过肯德基，他指着肯德基二楼说，那是吃薯条的地方。

他就是个吃货，一天可以喝上几瓶旺仔牛奶。他有时候很烦人，所以我只点头或摇头来回答他。他就不依不饶："姐姐，你说句话啊！"认真又焦灼的语气让你哭笑不得。

我特别喜欢他的笑，无论是哈哈哈大笑，还是羞怯的笑。

他是个不自知的实力捧场王。一天，老妈握着钱包从房间出来。玩着锅碗瓢盆的他转身问："妈妈，你穿这么漂亮去哪里啊？"

"买菜啊，你想吃什么菜？"

"咸菜！"（事实上，他只知道这个菜。）

返校那天等车的地点换了。我拉着他的小手随着人流走。我朋友转过身看了看他，他立即低下头不好意思地笑了。

每一次返校，大都是偷偷地溜掉，不然绝对是走不掉的。渐渐地，他也一定会明白我的套路。我只是怕消耗掉他的感情。

THREE．2017 的月光

"Paw patrol！paw patrol……Paw patrol！paw patrol……"

中文发音是：泼皮瞅！泼皮瞅……泼皮瞅！泼皮瞅……

晚饭时间，他把椅子上的坐垫一一弄到地板，自己一个人跳到上面，扭动着双腿双手自嗨。哦，小小的嘴巴里还大声哼唱着这首歌。

天底下的小朋友是一家，一定都知道这首歌源自动漫《汪汪队立大功》。他看这部动漫的时间不短，但一直仅限于说出阿宝船长、莱德、勇敢的狗狗这几个名词。所以，当他哼唱这首歌以及跳舞时，我有些惊喜。

跟他在一起的时间，我填补了童年关于动漫的空白。什么汪汪队，银河奥特曼，巴啦啦小魔仙……

今年，他六岁了。

也不知什么时候起，他喊我，总是我的名字再加上姐姐二字。奶奶总是纠正他，这样喊是不礼貌的，喊大姐才对。

我还发现，比去年，他嘴边又多挂了一句话。这句话他常常对我说：我不喜欢你了，哼。

而且，还在我面前撒娇般地说好几遍。每重复一遍，还要装生气地给我一摇，然后自己噘着嘴跑到一边趴着。

他开学的前一天，我返校。

我又是早早默默地关上门离家。没想到，他已经起床了，我躲在厨房喝粥不敢出来。

老妈跟我说，锅里有热好的菜。我这才暴露了。老妈给他穿了袜子和棕色小熊外套，蓦然觉得他很幸福。

"姐姐，你是不是要去学校？"洞察了一切的他。

我不回答不是，回答也不是。厨房外面，老妈在给我打包吃的带学校。

他又问了两次，身子渐渐地移到我旁边，双手扯着我。他欲哭又闪躲。仿佛我一说是，他的眼泪就会掉下来。

我想起老妹曾说，他住大姨家时，一提起妈妈就会哭。

回到学校时想，小小年纪的他好像经历了好多次不该有的分别，他好坚强。

"我不给姐姐带电脑去学校！"

是舍不得姐姐，还是舍不得电脑？他不会玩电脑，但仍要抢我的，在键盘上敲敲打打。有一次我很生气，把他推到被子那边，他像个不倒翁又起来嚷嚷着跟我抢……他就是传说中不会累的永动机……

我常常烦他，他的捣蛋破坏了我的全盘计划。比较惨的是，几年来还没想出合理的解决方案。

我发觉"扔"这个字客家话发音很好玩。于是常常对他说，再锁门就把你扔出去，再玩大米就把你扔出去。

某天晚上给他穿衣服时，他老是动来动去。我的耐性全给磨没了！

"再动我就把你扔出去！"

"你每天都要把我扔出去。"

他幽幽地甩出这句话，我不可抑制地笑得颤抖。

家里从小培养他自己吃饭的习惯，但有时还是得大人端着碗跟在他身后喂他。

"快！出来吃饭！快快！"奶奶在客厅催他。他进来厨房，艰难地打开电饭煲，怎么跳也看不到电饭煲里边是否还有番薯。我把番薯盛给他。奶奶还在外边催。

他低声道:"催催催,就知道催。"

我顿时笑翻了。不是不耐烦的浮躁,是很可爱的平静。这明明是光头强每回挂掉李老板电话后的小埋怨啊。

房间比较窄,他不小心撞到我后,一本正经地赔礼道歉:"对不起,公主。"

"没关系,王子。"听完我的回答,他显然愣了下然后大笑。你能想象一个小男孩儿大笑的样子吗?得此一笑,犹冬天得一小火炉。

"对不起,公主。"

"没关系,王子。"

他立即对这样的情景对话有了浓厚的兴趣,边说边笑。尾音拖得长长,带着流星般的璀璨。

"对不起,公主。"

这还没完了。但我依旧喜欢他的笑容,灿烂无比。他一双小手捂住脸呵呵呵笑的时候更是可爱至极。当然,哭起来也是一番惊天地泣鬼神,表情包尤其像韩国的民咕咕。

关于月亮的那个梗,他没再说,我也没刻意提起。一回带他下楼踢球,玩累了我就让他仰头看一轮悬在暗黑天空中的明月。

他让我把西瓜球踢进月球里,这样它就掉不下来了……

我让他自己扔,他勉为其难地扔了。没扔进,我们一起大笑……

要走了。他坚决要送我下楼。我拖着行李箱,他倒着走帮我一起拖。

到了小区门口,我说就送到这里吧。他看了我一会儿,笑嘻嘻地转身向前跳了一步,像只小兔子消失在田野尽头,消失在我的视线。

迈了几步后,他又跳了出来。一直站在大门口,看着我。看着我过了宽阔的马路,看着我向前走,看着我不见在车辆后边。

好吧,他的不开心都满满地写在脸上了。

他好像还说了几句话,我还顶着鹅公嗓回答他。是什么来着?

"姐姐，你的箱子去到学校的时候，要放在有墙的地方，不然就又会倒了。"

"知道啦。"

我还想说点什么，不争气的嗓子吐出的只是模糊不清的嘈杂音，像那电视收不到信号般刺啦刺啦的响声。

那天早上，在家里，他搬弄着我的行李箱。行李箱装着很多东西，重心不稳，偏向一边。马上就要倒在他身上了，他让我救他。

所以为了报答我的救命之恩，他给了我一个无比温馨的小提示。

Paw patrol paw patrol,

Whenever you're in trouble.

Paw patrol paw patrol,

We'll be there on the double.

这是《汪汪队立大功》主题曲《Paw Patrol》，我偶尔会听。听时，会浮现老弟傻乎乎的笑脸。

藏在可乐里的爱

沐 甘

我好像从小就具备一种把天聊死的能力，无论跟谁。比如因为我读的市一中离家比较远，母亲决定到我读书的学校附近租房陪读这件事被提出后，面对我的跳脚反对，相比气得脸红脖子粗的父亲，母亲一边扭开一瓶可乐递过来，一边平静地说，能跟我们说说为什么吗。我看看可乐，又看看她这些年如一日的脸，说："就好像你突然给我喝可乐，不习惯。"

一瞬间，刚才还口若悬河的父亲顿时不开口了，一向安静的母亲，更安静了。

最终，我的反对无效，一向以给我民主和自由为教育宗旨的父亲，强势驳回了我所有关于住宿生活有多美好的条款，并告诉我，房子已经找好，我不得不从。

搬家那天，是个下午，天气晴朗，有暖洋洋的风吹过，空气中充满了鸟语花香。好吧，我承认这是我的想象，实际上那天父亲看了皇历却忘了看天气，从前晚开始就一直在下暴雨。

我打着小红伞坐在大卡车的后厢，看着这些东西，有母亲最喜欢的天鹅绒圆桌布，每天必用的咖啡机，刚买不久的面包机，在我家住了十年的鱼缸；小时候我给母亲画过的像，被裱起来也带了过来；还有那张我最喜欢的木书桌，与之配套的木方凳；甚至还有母亲养的最好的绿萝与吊兰。母亲是很会生活的人，想必是就算只住一年的出租房也要布置成家的温馨。这可苦了工人们，一边抱怨一边搬东西，却在接到母亲递过来的温热咖啡和每人额外的红包后，都眉开眼笑。

一切终于安顿下来，已经是黄昏，母亲在整理卧室，我去厨房转转，居然找到一排可乐。我想应该是父亲为了安慰我，特意偷偷买来放在冰箱里的。我坐在阳台的椅子上，喝着可乐，听着收音机，看着暴雨在小区的水泥地上砸出一串串涟漪，偶尔有夹杂着雨星的风刮进来，空气中尽是新生活要开始的不安与躁动。

回过头，看到母亲站在身后，我下意识地把可乐往身后藏，母亲笑笑，说买了就是拿来喝的。这回换我安静了，居然是母亲买的，可是她一向不喜欢这种东西，我只有在考第一名或者生日宴才能提出喝可乐的要求，想想也是可怜。我正在想，母亲笑笑，说一会儿雨停了，我们去菜场吧，晚上给你做排骨。

雨后的菜场有些积水，我跳着脚走，不留神踩到一片菜叶子差点滑倒，一只手及时撑住了我。是母亲的手，还像从前那样温暖又柔软，没什么皱纹，完全不像五十岁女人的手。母亲的容貌也是如此，与年轻时比并无太大变化，很多初次见面的人都以为她才三十几岁。

此刻母亲的手握着我，我觉得暖心却又想挣脱，记忆中就算是在我需要母爱陪伴的童年时光，我们也没有如此亲密过，更没有一起逛过菜市场。

母亲是不需要买菜的，从小锦衣玉食的她，连地都不曾扫过。我见过母亲年轻时候的照片，眼睛又大又明亮，一头乌黑长发，抿着嘴唇，两个小梨涡透出来的除了一点儿甜，还有一点儿倔强。这份倔强让她违背父母意愿嫁给当时还是穷酸书生的父亲，所幸从恋爱到结婚一直被视若珍宝，菜都是父亲买回来的，因为母亲无法分辨青草与韭菜，也不知道花生是长在地里的，更记不住菜场到底在家的哪个方位。母亲生活上的白痴与那对倔强的梨涡都遗传给了我。

虽然人家都说我是母亲的翻版，但记忆中母爱该有的拥抱亲吻抚摸,我似乎都不曾有过。我是被外婆带大的。在我的追问下,外婆告诉我母亲生下我后就一直生病,还患上了轻微的产后抑郁。那时候父亲的事业已经有了起色,家里除了有外婆照顾我,还雇了保姆,母亲更不需要买菜扫地,每日只要看书浇花念佛,慢慢地,身子就好了起来。与父亲和我之间的感情,却依然是淡淡的。

母亲的这种淡泊不光体现在待人接物,也体现在对我的教育,即便是我因为早恋被叫家长,出现在办公室里的她依然是淡淡的表情,坐得很端庄,沉默地听着班主任的训斥一言不发,直到越来越激动的班主任说出小小年纪不害羞这种话,她的脸上终于有了异样的神色,却依然轻声细语地说:"我女儿不是那种孩子,我相信她,为人师表的您,最起码不应该这样说自己的学生吧?"原来我把天聊死的本领也是来自于她。

早恋在那时的师长眼里简直是死罪,我以为我让她丢了这么大的脸,这次总可以看到她歇斯底里的那一面了。却没想到她只是牵着我的手,带我回了家,还做了糖醋小排,饭桌上还有平时不允许喝的可乐。

我从小读的就是寄宿制双语学校,很早就开始一个人生活,独立性强到可怕,连少女的成长仪式都是自己问高年级学姐完成的。母亲这种不打不骂,反而愈加温柔的表现,让我开始不安。吃完饭,我主动收拾了碗筷,第一次没有直接回卧室,而是坐下来跟她聊天,给她讲我跟那个男生的故事。

其实两个小孩子,能做什么呢?只是每天凌晨,我都会打着背英语单词的名义,跑去校园东北角的小树林跟他见面。见了面也只是一起坐在石凳上,两个人仰着头,透过树叶的缝隙,傻傻地看着天空从蒙着纱到变得清晰透亮。

那个男生没有我这么幸运,他被老师和家长同时狠狠训斥,据说还被他爸用皮带抽了一顿,在学校看到我连话都不敢再说,不久就转学了。而我,继续在学校好好地念书,老师没有再找过我,同学也都羡慕我有一个这样的母亲,开明、民主、尊重我。我想只是因为我完全遗传了父亲的暴躁脾气，母亲曾经说我是属毛驴子的，需要顺着毛摸。这大概是母亲为数不多的几句玩笑话，如果同学们知道母亲大多数时候是平淡冷漠的，不知道还会不会羡慕。

后来有一天我收到一封信，落款居然是母亲。信里是少女时期的各种注意事项，包括如何把握与异性交往的度。父亲偷偷告诉我，写这封信的时候母亲很难过，她说想到连初成人这么大的事，她都没有第一时间在我身边，突然觉得很心疼。

父亲说母亲只是不喜欢表达，像我小时候，虽然她不抱我，却经常半夜到外婆房里看我睡得好不好，每到考试后也总会提前买好可乐等我回来。我一直以为那都是父亲买来的。父亲告诉我因为我从小爱吃糖，有两颗蛀牙，母亲从医生那里听到碳酸饮料不只对牙齿不好，还会导致夜间胃痛，所以才克制我喝可乐的次数。

最后父亲说因为我们是家人，无论性格相似或是不同，只要有爱，我们总是在一起的，无论关系亲近与否，他跟母亲是这样，母亲对我也是这样，其实我们的心里始终是彼此深爱的。

高一开学前一天去看分班，母亲要送我去，我拒绝了，我说你连方向感都没有，到时候再丢了我可没法跟你老公交代。母亲可能是没想到我会跟她开玩笑，张了张嘴，最终什么也没说。

看完分班跟好朋友走出校门，我愣住了，校门口对面的马路石阶上，我的母亲，穿着设计非常合身的洋装和高跟鞋，手里拎着一只小包，正安静地站在那里，在一群家长中看起来特别显眼。看到我，她非常高兴，微笑着冲我挥手，我走过去，她从包里掏出一瓶可乐递给我。

天空已经慢慢变成火红色，我挽着母亲慢慢往租的房子走，谁也没有开口。小区广场上有很多小孩子在打闹，他们的家长或龇着笑看着他们，或三两个坐在一边拉家常。母亲突然说："以后每天下晚自习，我都在门口等你。"

我"嗯"了一声，尽量不让母亲发现，我在哭。

纸 哥 哥

颜 续

那时我五岁,接触到我生命里第一本童话书。书中的小女孩儿有一个纸哥哥,我也想要,于是用纸勉强地撕出了一个人形。我想象他可以用钢笔笔帽倒茶,会在黄昏的窗前为我念一首诗,还是个法力高强的小巫师。但我一转头就忘了,把纸人夹在了童话书里。

1

我叫柚子。蜻蜓是我的好朋友。我俩从小一起打鸡揍狗,感情极好。

我们住在一个很平凡的地方。温和的小城市里有一个大大的图书馆,蜻蜓住在里面。而我住的地方很高,只有一条很长很陡的白色楼梯能够通向图书馆附近。我和蜻蜓,我们常在图书馆碰面。

燕子开始衔泥时,我剪了短发,叼着五毛钱一根的小冰棍,从图书馆的后门溜进去。这里没有图书管理员,借书的人也很少,偌大一座图书馆,往往只有我们两个人。我们坐在一排排高大的书架间,如饥似渴地捧读童话。墙上的旧挂钟嘀嘀嗒嗒,光阴于无声处流走。

那是八岁时的我和九岁的蜻蜓。

九岁呼啦啦飞驰而来的那天我说:"我想养一只猫。"

十岁的蜻蜓忍不住笑出来,"你就是只呆头呆脑的猫,"他说,"还是森林小怪猫。"

接着他问我为什么想养猫。我头也不抬:"因为我是女巫呀。女巫不喜欢一个人走夜路!"

说话时我正在很认真地吃生日蛋糕,几乎整个脸都埋了进去,那样子看起来真的很像一只笨拙的猫咪女巫。

小孩子总是容易饿。吃完蛋糕的我还是不满足,于是我们从厨房里偷了一块肉,一路飞跑到图书馆的后门。蜻蜓扫出一片空地,用松树枝生起火。结果我们打了个盹儿,肉烤焦了,但我们兴冲冲倒上胡椒粉就疯抢起来。

"柚子,你想永远做个小孩子吗?"蜻蜓坐在热气中问我。

我费力地撕扯着肉块,不假思索:"想啊。"

蜻蜓笨拙地笑了,他掏出一本书,哗啦啦翻到某一面,一字一句地念道:"那你得永远保持一颗童心。别人在成长的通天大路上三五成群向前走都不往旁边看的时候,你要顽皮一点儿,不要随波逐流地跟着人群走哦。"

"啊啊啊?成长听起来也太难了点。"

他继续念:"所以你要用童话抵挡时间的洪流呀,然后去理解成长。"他笑得很温和,"但是我会保护你的,亲爱的柚子小丫头。"

"不要再叫我小丫头啦!要叫女巫!"我愤愤地回他。

蜻蜓举手投降。

吃完烤肉我们就去田野里玩捉迷藏。

如果爸爸心情好的话,会把他的收音机借给我们。黑色的老式收音机,有长长的天线小棍。我们坐在田埂上捣鼓着它。虽然大多数时候音乐声都湮没在嘈杂的沙沙声里,可一旦听到里面有好听的声音,我们就欣喜地拍手大叫。田野里很安静,除去偶尔几声虫鸣鸟叫,往往就只有收音机的声音了。我在乐声中溯洄内心。根本不用想,那些村中的小河、高大的樟树、大片大片的田野和满是花儿的院子就从我眼前浮现出来了。到处都是潮湿的泥土味和植物的香气。

我睁开眼睛，有流动的心情要从我胸腔里喷薄而出。如果允许，我想永远做个孩子。

在我沉醉其中，没有注意的时候，蜻蜓咧着嘴，指尖流动着魔法，笑得好不得意。

回家的路上，我用野草编了一只小蛤蟆，顶在头顶上。我问蜻蜓："你的梦想是什么？"

"我想永远开开心心的。"他说。然后问：你呢？

我要当童话女巫！我兴奋地大声宣告，尽管连"信仰"究竟是什么都不知道，还是得意扬扬地说："这是我的信仰哦！"

那你要把信仰像真理一样对待哦！蜻蜓也激动起来。真理是很有力量的，很圣洁很坚定的，不需要任何解释的！

好！我很大声地回答。

2

十一岁那年爸爸把他的老收音机送给了我，我抱着它兴奋得满屋子转圈圈。

我一寸寸地长大了，头发也一寸寸变长了。与此同时，有一个问题也冒了出来。

"蜻蜓，长大了我们就不是孩子了。"我说，"我应该怎么办？"

蜻蜓不回答，他只是说："反正我会保护你的，亲爱的柚子小女巫。"他掏出钢笔笔帽向外倒茶，他每次都这么干——不过这一次倒出来的是热巧克力。

他张开手，手里是一只小纸人，是用水墨画成然后剪下来的，圆脑袋塌鼻子，眉眼弯弯。"你看，这就是我啦，如果你遇到危险的话，就大叫'叽里呱啦次拉拉小纸人'，小纸人就会变成我保护你哟！"

"这什么鬼咒语啊，这么长？"我做了个大鬼脸，"我才不信嘞。"

"喔！你居然不信！"他叫起来，不知从哪里抓了一根芦苇就对着我的头一阵打，我转身就跑，笑得上气不接下气。

阳光是猫一般慵懒的样子，到处是植物的清香，空气那么干净，时间那么蓬软。好一段白日梦般的时光。

真希望我们永远不要长大。

3

应该是从初中开始的，故事悄悄地拐了一个弯。

男孩儿女孩儿们一夜之间得上了一种奇怪的毛病，他们时常说脏话，取笑老师，捉弄同学。他们不怎么喜欢和我一起玩，因为我习惯在阳光下张着嘴巴大笑，我也不会讨巧，不肯轻易低头认输。他们尤其对我喜欢看童话这件事嗤之以鼻。"十三岁还看童话吗？你还相信这种玩意儿？"我的同桌轻蔑地笑笑，抽出一本花里胡哨的杂志，耀武扬威地看起来。

我忽然就这样被孤零零地晾在原地。我不喜欢他们那些绚丽的东西，我喜欢童话，我也不知道我做错了什么，但是我没法继续旁若无人地看童话书了。我可怜的自尊心不允许我这么做。

我就这么学会了说脏话，取笑老师，捉弄同学。我不再放声大笑，甚至把我心爱的童话书藏到了柜子的最里面。

我们很快打成了一片。

我变得很木然，心里的那片草野也不再干净如同诗笔未落。蜻蜓特别调制的热巧克力的味道消散了。小时候许下的不随波逐流、要用童话抵挡时间洪流的诺言，也早已抛之脑后，小纸人也被我夹到了砖头厚的字典里。

我逐渐开始相信，蜻蜓能够从钢笔笔帽里倒茶，只不过是我看花了眼而已。

4

　　盛夏的蝉玩命地叫，我的头发长到了肩膀。我缩在婆婆的阁楼上做一摞高度堪比珠穆朗玛峰的卷子，可是做着做着，思绪就开始发散了。

　　记得小时候做卷子，不会的题都留着，等吃完了晚饭，就跑到图书馆去问蜻蜓。他总说我笨，我也不反驳，笨就是笨呗，没办法，谁叫我那么热爱数学，可是数学一点儿也不热爱我。稍稍长大一点儿，还是做卷子。蜻蜓说你就把它们当作大怪物，要有把怪兽统统打趴下的志气呀！听他的话，我写起卷子来眉飞色舞，写完一张撕一张，撕得欢呼雀跃神采飞扬。为了奖励我，闲下来的时候蜻蜓就给我念童话。他靠在窗边慢慢地读，黄昏的云朵像植物般向上疯狂生长。偶尔他看到我的成绩单也会很忧心，于是我每天跟着他补习功课，学会了如何在各种场合装死……

　　我漫无边际地想着，不经意间就笑出声来，笑声像吹起的气球一样越鼓越大。我脸上不禁浮现出了好久不见的叫作"快乐"的表情，神情明亮如同落花。

　　"啪！"我一不小心碰掉了桌上的镜子，吓了一跳，赶紧捡起来，却看见镜子里那个蓬头垢面、鼻子上架着啤酒瓶厚的眼镜的我，不禁黯然神伤。

　　小时候的我有多么清亮的眼睛啊！

　　忽然之间，有什么从我的眼睛里涌出来了，那是来自久远时光的热巧克力的浓郁香气，它扑面而来——

　　八岁的我最爱《小王子》的故事，梦想有朝一日能够用月亮钓起深海蓝鲸。

　　八岁的我一放学就往图书馆跑，图书馆的那只旧挂钟那时还没有坏掉，嘀嘀嗒嗒的钟声里，我心心念念想要养一只猫。

　　八岁的我还是个又矮又呆的小胖子，喜欢我现在最讨厌的裙子和浅粉色，有一口蛀牙却仍热衷于吃糖果，常常连话都说不清楚，整天想着当个童话女巫。

原来时间已经过了那么久啊。久到那些藏到箱底的童话书都快发霉了，久到小时候的梦想都蒙满灰尘。

有时候，我真想穿越回去，去见见那个还是个小孩子的自己。

5

我突然想起来，其实在我刚刚遗失自己的时候，蜻蜓来找过我一次。

"柚子，到图书馆看书吧！"

我绕过图书馆回家。蜻蜓从路边的田野里跳出来，他大概知道了我的事，正皱着眉头看我。

一句"好啊"几乎就要脱口而出了，却被我掐灭在了喉咙里。我摇摇头："我要写作业。"

"我用小纸人帮你写。"他锲而不舍。以前我不想写作业，他就折一个小纸人丢到作业本上，小纸人就自动跳起来，抱着钢笔写啊写，字迹跟我的一模一样。

但我还是摇头："小纸人是不可能动的。"

他怔住了。好半天才干巴巴地挤出一句："那……等你作业写完了，我给你念童话吧？"

他说得那样小心翼翼，眼睛里满是期待和乞求，我隐约可以从那里望到自己的童年，望到当年那个小小的、努力长大的、执着地想要做个童话女巫的自己，望到我头顶着野草编织的小蛤蟆大声说出梦想时，眼睛里盛着的清水样的光，是多么澄澈。

但我却仍然不假思索地摇头："童话都是假的。"

蜻蜓惊愕地张大了嘴巴。

"柚子，你为什么遗失了'相信'呢。只要你相信一件事是真的，它就是确切存在的啊。"蜻蜓悲伤地说，"谁说长大了就不能相信童话了呢？大人都是由孩子变来的。"

我不知所措，低下头就走。清静而狭窄的回家小路，两旁都是毛茸茸的狗尾巴草，身后是尾巴一样的被拉长的影子，温暖的阳光碎成了一面湖。

"我要消失啦柚子，"蜻蜓说，"小纸人会继续保护你的。请不要丢了相信。"

6

我抓起小纸人风一样冲出了家门。

成长的路上，我们渐渐地遗失了很多东西，我丢了自己，丢了童话，丢了最初的心情，丢了相信，现在，我连蜻蜓也丢了。

蜻蜓和柚子，名字和名字走散了。

我沿着白色楼梯向下跑，跑得很快很快，就好像是从高空落下，耳边都是轰鸣的风声。我紧紧闭着眼，但一点儿也不害怕。

我一瞬间就回到了童年。所有失散了的心情和故事，都被我找了回来。我是长大了的柚子，可是我心里住着永远也长不大的柚子小女巫。

那些嗜嗜怪笑的吃人妖怪乘着风朝我扑来，他们铺天盖地，挥舞着爪子发出嘶吼，在我身后紧追不舍。

我念出了蜻蜓告诉我的咒语："叽里呱啦次拉拉小纸人！"

小纸人从我怀里跳出来，摇身一变，就成了法力高强的巫师。巫师挡住了他们，一剑就击退好多妖怪。可妖怪们前仆后继，眼看着越来越多，巫师快要挡不住了。

"蜻蜓，你在哪？"我大声叫道。

巫师微笑着说，柚子小女巫，我一直在你身后！

图书馆的门轰然大开，五颜六色的光从四面八方射来。旧挂钟嘀嘀嗒嗒地走着。我像受到指引一样，默默地走到图书馆的角落里坐下，抽出一本童话书，静静地看起来。

在这最后一刻，我回到了那个图书馆的下午，我第一次遇到蜻蜓的时候。那时我五岁，接触到我生命里第一本童话书。

书中的小女孩儿有一个纸哥哥，我也想要，于是用纸勉强地撕出了一个人形，我想象他可以用钢笔笔帽倒茶，会在黄昏的窗前为我念一首诗，还是个法力高强的小巫师。但我一转头就忘了，把纸人夹在了童话书里。

蜻蜓出现的时候我正在看书，看得如痴如醉，根本没注意到他。

那些浅蓝色的兽群和不穿靴子的猫，唱歌的树和跳舞的草帽，都一同从书中走了出来，在图书馆里蹦蹦跳跳，而那些嘶吼的吃人妖怪被关在门外，进不来。

蜻蜓从书架上抽出一本书，靠在黄昏的窗前开始念，他很认真地一字一顿地念道："不可以变成自己不喜欢的样子。"

用一生守住自己，不易。

有一只花猫跳到了我头上，它有着温润的眼睛，漂亮极了。我仍然低头看书，但相信的力量已经回来了。

字里行间暗香沉浮，光阴流动。

7

我叫柚子。蜻蜓是我的好朋友。

他教会了我相信，还吃了我那么多零食，我这辈子算是记住他了。但他最近不在，他出去旅行了，不过我相信有一天他会回来的。

燕子开始衔泥的时候，我剪了短发。

红浆果遇上秋天的时候，我养了一只猫，写了我自己的第一个童话。

也许下一个秋天，蜻蜓就旅行回来了，那时我的猫应该已经长胖了，小纸人还是老样子，圆脑袋塌鼻子，眉眼弯弯，笑着说："我会保护你的，柚子小巫女。"

双 人 行

三八四十一

我和包子其实很早就认识了。

但是真正熟识起来，还是初中入学的第一天，我们两个被放养大的可怜孩子被一场大雨困在教学楼里，眼睁睁地看着其他人陆陆续续被自己的父母接走，雨倾盆而下，把教学楼孤立出一个世界。

大概是出于同病相怜，我们开始天南地北地侃大山，在那个智能手机尚不甚普及的年代，人与人之间拉近距离还是十分容易的。我们从诗词歌赋谈到人生哲学，虽然已经记不得当初究竟彼此之间交换了什么观点才能造就日后的一段孽缘，但在那个中二病集中爆发的年纪，就算我们记得大概也耻于承认吧。

之后一起同出同入就成了十分自然的事，随着更多的相处和了解，我开始讶于这世上竟然有这么一个人能和我如此同步。我们蓄着相似的短发，一样穿着大号的、男孩子气的衣服，都喜欢《哈利波特》，一起在上课的时候看同一本小说。我每一个古怪的笑点，她都能理解；我每一句未说完的话，只有她懂其中的含义。我们经常会聊着聊着就忘了原本要说的话，然后陷入几秒钟的迷之沉默，接着其中一人就装出一副恍然大悟的模样："哦！你说那个啊！"另外一人也心照不宣地配合着点头："是的！没错！就是那个！""我知道我知道！""嗯嗯！""我懂。"彼此都强行装作刚才的对话进行得很顺利的样子，偶尔身边会有个不明真相的围观群众一脸蒙圈地看着我们："我是不是错过了什么？"——这是我们之间古怪的默契，别人不懂。你知道，这世上很难遇到一个与自己如此契合的人，一旦遇到了，那便是莫大的幸运。

我们太过相似，以至于不常见面的老师总会叫错我们的名字。但事实上我们又不大一样，比如我更擅长英语，而她精于数学；比如我口味极重，而她更喜欢清淡；比如我会乐此不疲地学各种乱七八糟的小手艺，而她总嫌这些东西麻烦；能让我捧大脸花痴的少年，在她的评价里只是淡淡的一句"嗯，还不错"。我跟她说："看来我们之间不会出现喜欢上同一个男生而闹翻的狗血剧情了。"而她总会一本正经地回答我："如果真的发生这种事，我会选你的，让那男的见鬼去。"

那时候，如果有人看到我，都免不了顺便问一句："包子呢？"后来我才知道，如果有人遇见她，也会问起我。在许多人看来，我们都是彼此的附属，形影不离。只有我们彼此才知道对方又冷又臭的坏脾气，讨厌黏黏糊糊的搂搂抱抱，互相之间保持一定的距离，才是我们的相处之道。

上了高中后，这样的距离隔着时间与空间，即使是一个月交换一次的日记，也无法弥补自己不在对方身边的空缺。有些地方开始慢慢地变得不同，曾经一起并排走的道路出现了岔路，每往前走一步，似乎那个曾经与自己如此相像的人就更加模糊一分。

我在一天晚上接到她的电话，话筒里她的声音在我尚未反应过来时劈头盖脸地砸来："我刚刚被人挂了电话，现在很不爽！"待我后知后觉地想说些什么时，电话里只剩下一串忙音，我愣在原地，一时间唯一的情绪竟是觉得可笑：什么时候我竟成了你发泄怨气的对象？

之后的半个多月里我再也没有接到她的电话，更遑论道歉。我在日记里一字一句地给她写下："如果我遇到的是现在的你，我绝对不会选择跟你做朋友。"我想，当初我选择深交的那个女孩儿，不是现在这个日渐落于俗套的人。

我怀着恼怒度过了半个月，在脑内一次又一次地排演下次见到她时要如何冲她大发一通脾气然后冷冷地告诉她：我们绝交。

但每次想到这些，我都会想起更多别的事情。

我想起她曾跟我说，她很喜欢我们之间的相处模式，两个人待在一起，我画我的画，她看她的书，偶尔她递过来一根薯条，我可以自然而然地就着她的手吃掉，哪怕什么也不说，默契也在空气间流动。

我想起我曾对她说，像我们两个这么糟糕的人，看来都嫁不出去了，实在不行以后就将就着在一起吧。

我想起每一次我们通完电话，哪怕几个小时后就会见面，她也会在话尾叮嘱一句："记得想我。"我也会回一句："好，你也是。"

那些安安静静的时光，那些零零碎碎的话语，一点一滴地堆砌出那条我们一起走过的道路。那条路上有坑洼，有裂缝，但也铺就了秋叶夏花。

被乱七八糟的想法充斥得混乱的脑海，在和她约定见面的前一刻变得清明。我撕掉那页写满了刻薄话语的日记，在约好的地方见到她，扬起彼此都很熟悉的笑容，走在已经踏足过无数次的道路上，絮絮叨叨地告诉她在她不在的这一个月里小镇上又开了一间不错的休闲吧，跟她吐槽前几天去看的那部电影，跟她聊我那些如同从精神病院里跑出来的同学……一切如常，那场冲突，那些情绪，都发生在另一个次元。被我们甩在身后的路，云淡风轻。

放假的时候包子从外地回来，我见到她时给了她一个拥抱。
"我好想你。"
"我也是。"

那个疯狂的人是我

烈日当下,我站在川流不息的东门老街,到处都是人:男人,女人。中国人,外国人。有钱人,穷人。更可怕的是,他们每一个看起来都神采奕奕,热情得简直有些歇斯底里。汗流浃背,却眼神精明。我赶紧将刚滋生出的几分疲惫扼杀在眼袋里,跑去肯德基洗了把脸,胡乱补了个口红。目不斜视地走回街上,漫不经心地扫过那些精美的门店,假装成一个有目的地的人。

那个疯狂的人是我

衔 猫

一个人加我，说："我很喜欢你的文，那种洒脱，那种不计后果的疯狂，特别帅。"其实我也想，但做不到啊。当时我正在深圳这座快得有些病态的大城市找工作，每个穿着职业装的男男女女都热情似火，熟练地说着欢迎光临，也都毫无例外地拒绝了我——因为我诚实地告诉他们我只是一个临时的人，需要一份临时的工作。

烈日当下，我站在川流不息的东门老街，到处都是人：男人，女人。中国人，外国人。有钱人，穷人。更可怕的是，他们每一个看起来都神采奕奕，热情得简直有些歇斯底里。汗流浃背，却眼神精明。我赶紧将刚滋生出的几分疲惫扼杀在眼袋里，跑去肯德基洗了把脸，胡乱补了个口红。目不斜视地走回街上，漫不经心地扫过那些精美的门店，假装成一个有目的地的人。

其实我不懂化妆，但喜欢口红，喜欢那种虚张声势的红。朋友说，在东门上班，不化妆根本不好意思出门，不穿高跟鞋就感觉低人一等，走得慢那简直是在拖这座城市的后腿。我天生路痴，坐车晕车，每天出门都是一次冒险，像只冒失的小兔子穿梭在人流中，打开手机全是朋友发来的"行不行啊？""被拐了吗？""找到工作给你买冰淇淋。"每一天，公交、地铁、步行街，满世界蹦跶，然后在累极之时钻进一家咖啡屋，等待朋友下班把我拎回家。在宣传单上写写画画，时间倒也飞快，那些混乱的字和情绪，也不知道留给了陌生人还是垃圾桶。

　　回到住处明明又困又累脚又酸又痛，偏偏睡不着觉。C养了一只叫团团的狗，一听到我们开锁的声音就乱吠，打开厨房的门，它飞奔出来疯狂蹭我们，弓着身体，吐着舌头，哈呲哈呲。你以为它蹭几下意思意思就够了，可是它根本停不下来！直到C拿着拖鞋佯装拍它，大吼一句"趴下！"它才听话地趴下了，眼神无辜得要死。其实这狗心机多着呢，欺负我是新来的，根本不听我的话，一旦C走进洗手间，我就不关心人类了，只想和一只狗决一胜负。

　　C说，狗是需要陪伴的动物。说着用手轻轻抚摸团团的毛发，自言自语地和它聊半个小时的天。我盘腿坐在地上，把明天要干的事写在标签上。旧旧的手提电脑里放着旧旧的电影，没有人在看，我们是人类，也是需要陪伴的动物。有时趁我们出去买西瓜，团团跳上床撒野把纸巾撕得到处都是，气得C狠狠摔它，摔得重了，又自责地打自己的手，瘦瘦的一个女孩儿，叉着腰对着一只狗爆粗口，小声嘟囔着"我怎么就养了你个废物"，像一个恨铁不成钢的母亲。

　　我们都是需要陪伴的动物，但我们都照顾不好彼此。把一只狗锁在厨房里，把自己锁在一座城市里，是我们常做的事。早出晚归，为钢铁森林里的自己和厨房里的小动物挣得食物和住处。橱窗里漂亮的裙子，模特脸上精致的妆容，时尚杂志里华丽的鹅绒沙发，生活之外的诗和远方，是我们望眼欲穿的憧憬，很肤浅，年轻嘛。

　　年轻人在夜晚总是不喜欢睡觉。有心事的人在夜里翻来覆去辗转反侧，掩饰心事的人在灯光里在酒里在轰鸣的音乐声里醉生梦死，假装有心事的人踩着人字拖在马路上数着遇到的流浪汉。L是惯性失眠者，所以流量总是不够用。每当我们在一起，都害怕对方比自己先睡着，往往谁都没有睡着，最后通常以极具默契的一句"你饿不饿"，而从床上爬起来放弃那点可怜的睡意。

　　有一晚家里停水，我们跑去一公里外的肯德基洗脸卸妆上大号。做着这些时我心安理得，L却痛不欲生，说这是她这辈子做过的最low

的事，别人一个眼神不经意扫过来，她恨不得立马钻进马桶里。我惊觉她怀孕了，肚子突然躺了一个叫自尊的小家伙。想当年她脱掉厚底鞋盘腿坐在地铁地板上优雅地弹掉一颗新鲜的鼻屎，那时她对周遭的目光可是半点感觉没有。尊严这种东西在她身上若隐若现，善变得很。我始终没心没肺，花掉身上最后二十元去买两本新出的杂志，从来不去想明天怎么办，饿肚子怎么办。掏心掏肺地喜欢着二十四小时的小店，它们永远亮着灯，随时满足我对酸奶和面包的需求。它们永远不知疲倦地说着欢迎光临，宽容每一个无家可归的人，温暖如奶奶家褪了色的沙发。

经年不散的黑眼圈和渐渐坏掉的胃口，提醒着我并没有力量控制超速的生活。可是怎么办，我习惯了，是的，我有恃无恐，我们都这么愚蠢。习惯是一种甜蜜的毒药，正如生活本身是一种慢性自杀。

可是，做不到啊。

做不到啊。

又看到了铂金的这句话。

那么无力，那么不甘。

过一种违背真我的生活，谁又能真的做到？

加油吧。选择无所谓好坏，每种生活都有各自精彩之处。

想了又想，还是回了这么一句一点儿也不酷的话。

我爸是个看电视只看岭南粤剧的老派男人，作为老派男人的小女儿，骨子里的怀旧情结几乎与生俱来，从我十二岁在书店里看到玛丽莲·梦露那张坐在阳台上看书的黑白照片开始，她定义了我心目中的性感：专注。

游荡了几天，成为一间主题餐厅的服务员，变成一个不断说着"欢迎光临""谢谢光临"的那个人。刚开始每天站九个钟头小腿酸痛我简直痛恨自己，因为其他人看起来全都轻松自如。没几天就适应了，真正游刃有余。每天百分之九十的欢迎光临都发自肺腑，喜欢端着声音，喜欢忙碌，端着盘子健步如飞。搬进公司宿舍，生活开始安定下来，除了惯性失眠。忙着适应，工作，和同事混熟，也在心里深深地警戒着自己：我不只是来打两个月暑假工的，暑假工有打头？我还要写作，画画，音乐，装酷。

到现在我还记得梦露自传里的那句话：疯狂是一种天赋，超离谱总好过超无聊。

也许那张黑白照片太性感了，我亲爱的梦露。

我们都会遇到自己想要的明天

洪夜宸

1

给鸭子小姐打电话的前一秒，我刚刚得知自己暗恋了多年的竹马交了新女友，我盯着书桌角落的埃菲尔铁塔发呆良久，便下意识拨通了鸭子小姐的号码，电话一通就忍不住一阵哀号："大鸭子，我失恋了！"

接着鸭子小姐很有耐心地听着我倒了半个小时的苦水，她相当了解此刻我需要的仅仅是一个温柔的倾听者和几句安抚。

"好啦猫猫，你这不是还没遇到对的人嘛。你看看你，才十七岁啊！大好的年华，抓紧时间好好学习充实自己啊，等你变得更好的时候自有男神主动上门！"

合上手机的时候我已经平静了许多，泡了一杯咖啡听着音乐，终于放松下来。就在我心情差不多要好转的时候，鸭子小姐却向我抛来一颗炸弹。

"猫猫，刚才在电话里看你情绪那么激动，实在是不好跟你说。其实这件事挺复杂的，简单概括就是，妈妈准备送我到美国念大学，这是临时做出的决定，刚才我妈已经给我报了北京的新东方，明天我就要走。走得这么急，我自己都觉得有点不可思议。不如今晚我们看最后一场电影吧，明天过后你就真的见不到我了。"

收到这条短信的时间距离我们俩刚刚泪流满面的通话只有半个钟头，我脸上的泪痕还干干涩涩的没有擦掉。

鸭子小姐是我的中国好闺密，没有之一，全世界只有她知道我所有的秘密，也只有她最能掌控我的情绪，了解我所有的喜好和性格缺陷，我们约定好大学一起考去湖南，所以当收到这条具有爆炸性新闻的短信时，我右手的力道大到足以将手机屏幕捏碎。

鸭子小姐近期是有经常提到自己以后可能会去美国发展，但这对我们来说都是太遥远的事，我从未将它放在心上……

"雪上加霜！太不厚道了！你个臭鸭子！"我恶狠狠地将她在去年生日送给我的毛绒鸭子摔到地上，铆足了劲儿踹了几脚。可过了一会儿，却又忍不住将它抱起来，用湿毛巾细心帮它擦去身上的灰尘。

2

纵然不厚道的鸭子小姐临时决定背弃我们的约定，纵然她临时决定出国这个消息让我愤恨交加，我还是不争气地捧着她最爱的埃菲尔铁塔模型，按时站在了横店影视城的大门口，只有我自己知道，我有多怕失去她。

"消息是真的？无法改变？"这是在看到她后我的第一句话，我真希望今天是愚人节，这只不过是个并不好玩的玩笑罢了。

"对不起，猫猫。"鸭子小姐的脸上写着难以掩饰的愧意和苦衷，我默然打断她："好了我知道了，我们去看《小时代》吧。"

《小时代》的剧情倒是很应景，四个亲密得不得了的姐妹花叽叽歪歪，吵吵闹闹，一会儿南湘和席城分手哭倒在顾里怀中，一会儿顾里又和闺密林萧撕破脸皮针锋相对。鸭子小姐看得很认真，我在黑暗中看见她红红的眼眶和隐忍的表情时禁不住想要质问一句："你要是真这么重感情，就不要这么潇洒地走掉啊！真以为自己拍电影啊！"可最终还是理性战胜了感情，我默默抽出一张纸巾递给她，直到电影结束，也只是平静地问了一句："你要去几年？"

"七年。我妈说上完大学还要再念研究生，美国的研究生相对好考些，而且我爸有同事被分在那边工作，多一个熟人也可以有个照应。"

眼前的大屏幕黑了。灯光突然亮起，打在她好看的脸上，不知怎么，我觉得有些刺眼。

"哦。"我故作不在意地扭过头，抹掉眼角不断涌出的泪，却不小心打翻了座位上没吃完的爆米花。

"电影……还真挺感人呢。"

"嗯。"她应了我一声，起身走了出去。

"喂！臭鸭子，你真的要走？真的觉得去一个语言不通、满大街金发碧眼的陌生人的地方就能迎接你想要的未来了吗？"

她沉默了。我想，可能连她自己都对未来一片迷茫。

"呵呵，美国人民需要你啊。我走了，再见。"我承认我就是个大别扭，明明想要给我们的最后留下一点儿美好的回忆，明明是想要给她一个拥抱而不是决绝的背影，可我还是没办法控制自己的坏脾气，将那个自己曾经无比珍视的埃菲尔铁塔模型塞到她怀里后，义无反顾地转身离开。

鸭子小姐永远都不会知道，那个埃菲尔铁塔是我暗恋多年的竹马先生送给我的生日礼物，这也是他留给我的唯一一件可以睹物思人的东西。我最喜欢的是英国童话，而她向往法国建筑，可一点儿也不了解我的竹马先生却碰巧给了我鸭子最想要的东西，她到我家时曾多次向我央求那个模型，而我鉴于它的特殊意义，始终没有松口。鸭子小姐嘴上不说什么，可我看得清她眼底的失落。此刻，我终于将我视为珍宝的东西送给她，不为别的，只因她比我更需要它，只因她才是我心上的第一位。

3

第二天，鸭子小姐走了。我用了一个早晨看完了青山七惠的《一个人的好天气》，打算让自个儿活得励志点儿。正当我坐在沙发上抱着那只毛绒鸭子发呆时，门外有人送来了一个包裹，卡片上写着一句话："我没有离开你哦。"署名是鸭子小姐。我打开它，里面是我钟爱的伦敦塔桥和大本钟模型。

原来，人在失去一样东西之后真的会得到更好的。

我拨通了鸭子小姐的电话，很快那端响起了她熟悉的声音："我已经到北京了，这里很美，怎么样，这个时间你应该已经收到我的惊喜了吧？快看看，是不是好喜欢？"

"嗯……你……我……"我想为昨天的冲动跟她道歉，却又不好意思开口，支吾了半天没说出个所以然来，鸭子小姐在那头轻笑起来："笨蛋猫猫，记不记得我说过的啊，我们都会遇到自己想要的明天，让我说中了吧？"

"是是是，我亲爱的鸭子小姐。"

真的，我们都会遇到自己想要的明天。所以，珍惜此刻的每分每秒，不必着急，你想要的东西都在慢慢靠近你。

青春当头，总要发一次精彩的神经

街 猫

老师，我睡过头了，我也知道我太离谱了，睡过了两天。嗯，是把自己逼得太紧了，有点物极必反。就像我有个朋友啊，她在面包店工作，欢迎光临说多了就变成了谢谢惠顾。不不，我很好。只是做了一个很长的梦，梦醒后有点惆怅。哦不，不是噩梦。真正的噩梦是我落下的十几张卷子。对了，前两天我十八岁了，这是我成年后犯的第一个错，你一定要原谅我，别记过。

事情的起因是一个月前我跟宝贝看了部电影，我说过高三之后我就不看电影了。也不知那个下午我抽的什么风，神差鬼使地放下黄冈试题爬到了宝贝的沙发上，看时我一直心惊肉跳的，不仅是电影刺激，我看电影这个行为本身也刺激，自己瞒着自己，感觉像出轨。

乱七八糟的剧情看得我内分泌紊乱。那种压抑的暴躁的毁灭的气流从身体深处浮上来的时候，我尝试着嘲笑自己，杜宇君，差不多就行了，不过看了一部电影，连片名你都不知道叫什么，千万别在这个时候泛滥你的公路情节，也千万别追问如此这般的人生到底意义何在。你也老大不小了，别老妄想把你的生活演成一部电影成吗？现在你回家洗个澡，回学校，认真做卷子，改错题，以后别看电影就是了。

但我的灾难还是来了。原本规律得像机器人般的生活出现了故障：失眠、多梦、情绪化、便秘——这个是我舍友的误会，我不过喜欢在厕所里多待会儿。我相信这一切都是内分泌失调的结果。结果，第八次月考我挤进了全级前五十，这是最好的一次。老班把我表扬得莫名其妙，他说，我们就应该像杜宇君同学这样横下一条心来学，今日疯狂，明日辉煌！

他根本不知道我真正在经历什么。

百日宣誓那天刚好是我生日，下午有半天假，我咬着冰淇淋走到记忆中的那条巷子，我再一次爬上那个屋顶，只是这一次，对面的房间已经被拉上了窗帘。

晚上妈妈像往年一样做了一大桌子菜，宝贝亲手做了一个巧克力蛋糕送给我，家人和闺密都在身边，我是幸福的吧。十八岁生日，其乐融融之时，我说了一句缺德的话："我要停学一段时间。"

老妈慌忙把刚夹进嘴巴的一块排骨吐出来。

"你停学干什么？"

"我要去旅行。"

"你脑袋是不是被门夹了？！在这个时候给我说这种话！"

"再在学校待下去我会疯掉，我不是说着玩玩的，我要出去走走。"

"我的祖宗！我已经被你气疯掉了！"

接下来自然是各种鸡飞狗跳，我爸摔了三个啤酒瓶，我妈边哭边骂我，说我要敢走就和我断绝母女关系。小森有点被吓到，可怜兮兮地靠着墙。环视着这场因我而起的恶战，我居然有种满足感。第一次，我如此强硬地与我父母对峙。第一次，我的家庭如此狼狈地呈现在宝贝面前。两个人在一起待久了，难免会沾染一些对方的性格，我今晚的任性和决然，多少是从宝贝身上学来的。

"你要去哪里？去多久？"

"远一点的，十天，半个月，说不定，我会回来高考。"

"别做梦了，我是绝对不会给你钱让你去旅什么行的。"她狠狠地看着我。

"不给钱我也要去。"

"你说什么？！再说一遍，等一下我就去买一把大锁回来，哪你也别想去，学校也别去了，你就待在家里给我复习！"

我转身上楼，眼泪掉了下来，但心里一点儿情绪也没有，只有一个声音：我就要做我想做的。

我妈真的找人来加了一把铁锁，我在楼上听到金属碰撞的声音，还有他们的争吵声。小森走进我房间，默默塞给我一张银行卡，可怜兮兮地说，你别全部花光了哦，我还想买部死飞的。我走出阳台，发现宝贝坐在那里，出神地望着我的窗户。

我们互望着不说话。

她先开的口，老规矩，允许你说一个愿望。

早晨五点我起床，背上我的大书包从阳台翻到宝贝家，她把我送到车站，我们拥抱，然后告别。

终于如愿以偿开启我一个人的旅程，我才不管谁在记单词谁在做卷子谁在背公式，函数微积分阴影面积什么的都去死吧！

坐在我对面的女生在翻一本旧杂志，我忍不住凑近看了一下，文章的题目是：告别那伤势。作者是：街猫。没有什么比这种事情更能满足我的虚荣了。那女生察觉到我的目光，抬起了头，她有一双大得吓人的眼睛。她扬了扬手里的杂志，手腕上戴着的银链叮铃铃地响，问我，"想看哦？借你。"

然后我们开始聊天。当你在旅途中遇到一个有缘人，你的嘴巴根本停不下来。这种感觉实在太棒了！她叫小布，高四复读生，和我一样，热爱文学和电影，和我一样，中途出走，和我一样，目的地是上海。最关键的是，她说她看这本杂志已经四年了，最喜欢的写手就是街猫，梦想着有朝一日能和她见一面。我真羡慕她呀，年纪轻轻的，居然已经实现了自己的梦想！

什么叫相见恨晚？什么叫惺惺相惜？要我和小布抱头痛哭演一场给你看吗？老友、闺密、损友、哥们，朋友之间可以有很多分类，但第一次，我想到用"知己"去形容一种关系。当我抱怨女生为什么一定要戴胸罩那么麻烦而且为什么她们都希望自己胸部丰满，不觉得很丑吗？她说，我也觉得平胸的女生穿衣服比较有范儿，告诉你一个秘密哦，其实我没穿内衣。说完她拿我的手去摸她的胸。我们坏笑着笑成一团，低级趣味和高级趣味的高度吻合使我产生了一种"没有你，良辰美景更与何人说"的微醺感。

下车后我的心情反而有些失落，终于到了传说中风情万种的上海，但它的风情万种与我有什么关系呢？我为什么要来这里？哦，我是想来看看复旦大学的。和小布找了间旅馆，放下行李，买了张地图研究路线怎么玩。

"你准备待多久？"

"不知道，你呢？"

"我也不知道。"

这座大城市的楼真是高得不可思议，氤氲霓虹，流光溢彩。我在想，此刻我的同学必定在争分夺秒地奋笔疾书，而我却在异地街头看大厦。真是闹心，我为什么老是去想学校里面的事情？杜宇君，既然你那么留恋学校你干吗死活要跑出来？和小布一起时，当我想说起有关学校里面的什么，我都会下意识地控制自己。我只不过想潇洒自在看一回风景，然后家里有个人收到我寄的明信片。怎么感觉都不对呢？小布说，跟你说话之前我是不知道自己要去哪里的，所以遇见你真幸运呀。

第二天，我们一起去看了复旦大学，金碧辉煌的四个大字真的震到我了，站在校门口的那一刻我心里只有一句话，这句话在一个月前我每天都会对自己说一遍：我要让复旦成为我的母校，成为我可以随意调侃无下限吐槽各种嫌弃的母校。

下午我们去了海洋博物馆，还去了一个学姐推荐的一家咖啡馆，一杯卡布奇诺竟然要五十八块！算了，我总有点心不在焉，找不着在路上的那种状态，所以和小布早早回了宾馆。

我洗了一个长长的澡，上海很热，逛上一天就会沾上一层厚重的黏稠感，要用冷水狠狠地冲才能冲掉。我在家要这么洗澡我妈非骂死我不可，我要在学校洗那么久的澡非被舍友抬出去不可。坐在镜台上，想了很久，很怕中途小布催我出去，因为我想放任自己漫无边际地想下去，无论结果是什么，或者说无论能不能想出结果。小布果然和我够默契，她没有像我妈或我舍友那样催我。我咬了咬牙，跳下地板，我决定告诉小布，我不能陪她去上海大剧院了，也不能陪她去当代艺术博物馆了。我要回家。回学校。立刻。马上。

但当我从厕所里出来，却发现小布不在房间里，更诡异的是，她的背包、鞋子、香水都不见了，除了放在枕头底下的那本杂志。一起不见的，还有我钱包里的五百块现金。

我们谈论文学、电影、音乐、异乡。我们谈论月亮、夏天、人字拖、牛仔裤、公路。我们讨论爱情、友情、亲情、激情。我们分享面包、咖啡、沙琪玛、咖喱饭、童年。我们渴望出发、共鸣和理解。

然而你消失时只带走了金钱。

归心似箭，我没有时间难过。打开手机发现在昨天晚上我的银行卡被打进了两千块，还有几条信息，我妈的、我弟的、宝贝的还有排骨的。不知排骨怎么知道我出来旅行的，他说，我以前怎么没发现你那么脑残，算了，青春当头，总要发一次精彩的神经。早点回来，我告诉你可口可乐和百事可乐差在哪里。

发一次精彩的神经。

我倒吸了一口气，他一个不学无术的小混混怎么可以形容得如此准确！

坐在八千米高空的飞机里，我问自己，后悔吗？羞愧吗？还躁得起来吗？不。这趟荒唐的旅程，我听从的，的确是我内心的呐喊。这里，胸口这个位置，真的没有一点儿怨恨或懊愤。我们有过好几个小时的好时光，我相信那些都是真心诚意的。至于那五百块钱，我能想到十几种合乎情理的解释比如你在被追杀需要钱跑路什么之类的。我们曾亲密如知己，自然不需要解释。自恋如我，只有一个问题想问：你说街猫是你最喜欢的写手，是真的吗？

喜欢这件小事

蓝格子

在《古剑奇谭》风靡之时，我正结束三年悲惨的高中生活即将迈入大学的深渊。那时候我打算给自己找一个偶像，毕竟在看到别人说"×××是我偶像"泛光的眼神时，我还是有些嫉妒的。在看完这部完全用颜值撑起来、女主丝毫无存在感甚至男主男二男三都情意绵绵的戏后，我下定决心封李易峰为我的男朋友，虽然我知道这句话说出去可能会被人乱棍打死。

这绝不是心血来潮，我用整整一年的时间为自己证明了这一点。在杨洋、吴磊等一大波小鲜肉横空出世时，我依旧目不斜视，坚定地爱着李易峰一个人，尽管他永远都不会知道在世界的某一个角落里还有一个我。

可惜人算不如天算，哪知道大一的这个暑假我竟被一个小孩子默默圈了粉。在《爸爸去哪儿3》热播之时，我怀着一颗少女心，期期不落，日日必看，终于爱上了霸道总裁胡皓康，甚至有种想重回娘胎晚生十几年的冲动。在我纠结了片刻，向陈壮展发去消息询问究竟该怎样选择时，我很明显地感觉到屏幕那边的他快笑开了花，夹杂着一些对我不自量力的鄙视。

"可我就是很喜欢他们俩啊！"

"喜欢究竟是什么东西呢？"

那么，我想认真一点儿，向你讲述我曾经喜欢的少年，不加修饰地去回忆这一段过去。

是的，水深火热的高中生活里，有一个人一直是我的信仰。他像逆光而来的王子，伸出手就能带我去往天堂，眸子是深邃的黑，眼睛里住着海洋。可能你看到这句话会浮想联翩，惊叹他是怎样优秀的男子，没准还会感慨我的运气如此之好。可说实话，如果我的同学看到这句话，他们应该会思考好久，可脑海里怎么也回忆不出当初校园时代竟有这样神一般的存在。

他不存在，仅仅只是不存在于别人的眼中，但一直扎根在我的心里。

他是一个普通的大男生，就像你每天在路上碰见的单车男孩儿一样，可能会随时耍个帅，偶尔还会弄巧成拙一不小心摔在地上，悻悻爬起嘴里可能还嘟囔着几句不入耳的脏话。也可能是你的学霸前桌，一张正经的脸庞让你没了交流的欲望，也不会像偶像剧那般敲敲你的脑勺督促你认真听课，没准儿还会在看到你不足体重的成绩时发来几句嘲笑。校园里雷厉风行的坏男生也是有可能的，非主流的装扮，自视天下第一无人能敌。

是的，我说了这么多，就是想强调我当初喜欢的男生有多么不起眼。别人心中可忽视的路人甲，却在只属于我的青春剧目中担任了独一无二的男主角。

我喜欢了他很久，这是这么多年来没耐心的我做过的最有毅力的一件事。然而，名言总是说得没有错，努力不一定就会有回报。我对他很好，回忆里夹杂着很多这样的片段，而他锋利般的温柔在伤害我的同时又给予了那么点还可以支撑下去的动力。

我们是朋友，尽管我从不这样认为。我将每一个动作每一句细微地分解成每一个爱的部分，就像病入膏肓的女主角。

当然后来的结局大家都可以料得到。喜欢这件事情是瞒不住的，嘴巴说不出来的眼神也自然会透露。他知道了这一切，朋友自然没得做。也幸好我们俩都是怕麻烦的狠心角色，一来二往的尴尬途中便自觉断了联系。

我也不知道这场闹剧式的喜欢持续了多久。我只知道,后来的我有些恨他了,至于这种情绪从何而来我也不得而知。

我将自己定义为痴情的女主角,期盼着他的回心转意。可直到上了大学他有了女朋友,我开始了新生活,青春的这场剧目还是没有扭转结局。在这段时间里,我碰到过更多的人,也有过心动的时刻,可每个夜晚我还是时常能想起他的脸,在和朋友聊天时装作不经意地打听他的现状。

爱你的途中,我辗转喜欢过很多人。我一直把这句话送给自己。

可是,后来我发现我错了。

当我真正碰到自己喜欢的人时,当我再一次披起盔甲准备赴汤蹈火时,才发现,原来这一路走来我等待的一直不是他,而是一个更好的人。就像一个吃惯了草莓冰激凌的人会坚定地认为草莓是真爱,可等到某一天尝到巧克力的香甜时才深知自己的无知。不是喜欢得有多炽热,只是还没碰到正确的那个人。

仔细想想,他好像也没那么恶劣。从未拿着刀强迫着我要对他好,也并未摆出一副理所应当的架势来接受这一切。甚至偶尔回忆起来,甜蜜的气息让我足以弯起嘴角。

人总是这样,爱把自己定义为无辜善良的角色,代入每一个童话故事中,听几句心灵鸡汤就坚信明天的太阳会比今天要好看,却时常忘记阴天也有别样的风景。内心的阴暗不断收缩,而把光明不断扩大展现给世人,将伤口一次次撕裂开提醒自己往昔的故事。是的,这足以证明你度过了青春,证明你这一路的坎坷不平,可又有什么用呢?路还是要自己走,撒在伤口上的盐总有一天会成为下饭的菜。

我想,我本来就没那么喜欢他,只不过套着一个青春的幌子成为自己回忆曾经的一段证明。

喜欢这件小事啊,本该就是干净明澈的,何必打着坚持的旗号强迫着自己去完成一出独角戏呢?花心也没有错,只要在与对的人相处时一心一意就好了。毕竟这世界这么美好,你总不能强迫我只选择一个。

当然我才不会告诉你,其实我也很喜欢肉轩呢。

给妹妹的信

李阿宅

写这封信的缘由是下午浏览知乎的时候,看到一个问题"有一个妹妹是怎样的体验",答案千奇百怪,但每个都足够真挚与深情,我看到一半就已经泪流满面,于是我就想到了你。写字的这些年,我推心置腹地给很多关系亲密的朋友写过文章,句句深情,打动过不少的人,却唯独没有给家人写过只言片语。不是不重要,也不是羞于开口,只是我理所当然地把家人这种关系当成了一根和我紧紧盘绕在一起的藤蔓,不用我维系,也可能够独自旺盛地生长。

晚上的时候我收到你发来的QQ,你说:"姐姐,我想试试新概念。"那会儿已经过了十一点。我仍坐在KTV幽暗的包厢里听旁边的朋友声嘶力竭地吼着汪峰的歌,而你大概还开着小台灯在那间没有风扇的宿舍里计划着未来。我很难说清楚,收到这条消息时候心里的五味杂陈以及难以一一分辨出来的感受。

对于一个理科生来说,你在这个升入高三的夏天之前,根本不知道新概念作文大赛是什么。我一个劲儿地告诉你韩寒郭敬明都是这个比赛出来的,我认识的很多小朋友都参加过这个比赛,我把那些参加过新概念大神心路文章发给你看。我说,如果能够拿到一等奖,就可以获得和名校直接交流面试的机会,于是你在我一点点地鼓吹下心开始变得有些躁动。于是你告诉我你想试试新概念,并不是你热爱写作,而是因为高考可以加分。就像是前段时间你和我商量，想自学编导一样，你心里憋着一股劲儿，所以不停地积蓄着力量，希望能在高考时候攒足了迸发出来。

我极力发各种励志的鸡汤文章给你看，想要展示一个更加宽阔嘹亮的世界给你。我像是一个迂腐的家长，竭力引导着你往我以为对的道路上走，去实现那些光鲜亮丽的生活，唯独忘记了你是否能够承担得住。

我们是相爱的，但这种爱有时候就成了我们绑架彼此的武器。

那次，在我耳提面命的唠叨下你终于崩溃，大声质问我凭什么干涉你。

我一脸诧异地看着你，过了很久，同样大的音量回你："就凭我是你姐姐！"

你蹲在地上捧着脸哭，上气不接下气地说："但你永远不是我！"

你不知道我那时候有多委屈，我了解人生没有回头路可以走，我想尽一切办法，让你的道路变得更加顺遂。可是你才十六岁，有些挫折是需要自己去经历的。我怒不可遏地跑到爸妈面前发誓说："我以后再也不会管她了，她爱怎么着怎么着，和我无关。"

但当你哭完睡完一觉醒来的时候，又站在卧室门口问我："姐姐，我去买冰粥，你要什么味儿的？"

姐妹是这样的，相爱相杀。

我一直都不是称职的姐姐，不管是在人生指引还是生活上。那天有一个不熟的姐姐来找我拿东西，我面面俱到地照顾她，她问我是独生子女吗，我说不是的。她一脸了然地回答说，难怪那么会照顾人。

其实不是的，在家里，你的职责更像是一个姐姐，而我总是像一个大爷，躺在沙发上指挥着你干这个干那个。我们是截然不同的性格，我外向开朗，做事马马虎虎还不踏实；你沉默内敛、懂事、踏实稳重，但有点敏感。

一个人性格的形成和所处的环境有很大的关系。你出生之前被奶奶寄予了男孩儿的希望，所以当看到你是个女孩儿的时候，奶奶是不开心的，于是整个童年你都是在奶奶白眼中长大的，或许这就导致了你比同龄的小孩更加敏感更会察言观色。你这种性格的小孩，稍有偏差就会出现心理扭曲，但所幸你并没有。奶奶生病的时候，我已经在外地，你在镇上上初中。你每周末回来帮爸妈干完家务就去奶奶那儿，帮她擦身子、做饭、带她去散步，晚上还要熬夜应付繁重的学业，那整个冬天你手都是浮肿的。

妈妈总是开玩笑说：“你奶奶最不疼的就是你，到头来趴在床头照顾的就只有你。”

其实你一直比我懂事。

爸妈超生弟弟那年是家里最拮据的一年，我在外地不菲的学费，弟弟高昂的超生费，家里又换了新房子，日子开始捉襟见肘。那次一群表兄妹在姥姥家吃饭你还记得吗？饭桌上一人一个鸡腿，我正吃得津津有味的时候，却见你丝毫没有动。你说你肚子疼，不想吃。前一秒还活蹦乱跳的小孩，怎么可能说疼就疼呢？我知道你是想省下来打包回家给弟弟吃，我一副毫不在意的语气说："没事，你吃吧。"姥姥也说："你吃就行啊，吃完再去买了给你弟弟拿回去。"

大概被识破了，又找不到理由反驳，只能恼怒地说："我就是肚子疼！"

还有你上小学的时候，一次我们正看着电视呢，保险盒突然跳闸了。我拿着根木棍，战战兢兢地站在椅子上盯着保险盒迟迟未动。你和我面面相觑了很久后，你说你来弄吧。你说你出事了没关系，而我都已经养到那么大了。

于是你一脸决绝的表情，双手颤抖着将保险盒重新合上。

这就是为什么我总是过多地干预你的生活，因为你吃的苦比我们任何一个人都多，所以我希望你比我们都幸福。我们对你寄予了厚望，恨不得你每一步都不能有差池，恨不得小心翼翼地搀扶着你走，恨不得你每一个步伐都能踏进我们丈量好的脚印里。

或许多年以后，我和你都不会再认同我此时的做法，但现在我不后悔，除了这样，我没有其他能力来帮助你。有时候我也在想，我是不是太紧张了，毕竟像你这么大的时候，我已经独自在另外一个城市求学两年了，而你独自坐两三个小时的汽车，我们就担心得要死。但有些人适合散养，有些人适合圈养，而咱俩的性格恰好注定了要用两种生活成长。

前几天一个长我一些的姐姐对我说："尽你所能，去过你想过的日子，年轻时候走得广，看得远，自己尝试过自己想要的生活。你早晚有一天会进入按部就班的日子里，不要过早地让自己栽进我们这种绕着孩子和房子转的生活中来。"

听到这些是有些感动的。

我并不奢望你通过高考能一举改变自己的命运，而是希望它能够成为你起航时的一股淘浪，你能借着这股力量到达你想去的远方。你总要在大城市看一看，拼一拼，哪怕肝脑涂地失败而归，当你守着一座小城终老的时候不会再有遗憾，所以，我希望高考填志愿的时候，你能够多考虑一下北京、上海这样的大城市。

努力吧，少女，抛开包袱奋力向前冲，别担心，有我在后边撑着呢。我希望你能风尘仆仆地活在这个世界上，哪怕一个人也要活得像一支队伍，充满力量与信仰，不被生活打败，用自己的态度认真过好每一天。

从小到大，我们见面就吵，不见面就想，又都不是擅长对亲人表达感情的人，所以很少说这么多亲密的话。如果有一天我们因为误会闹得不可开交的时候，我们一定都要拿出这封信来看看，曾经，我们是如此相爱。

请你一直奔跑

叶聪云

我时常会想，十年之后，我会在哪里，牵着谁的手，躺在谁身旁。然后今天突然觉得这些真的都不重要，重要的是我给得起自己怎样的生活。"我最近在鼓楼打工，一小时十二块，加班一小时只多了十二块。我姑也在鼓楼上班，不用加班一个月五六万。于是我就想，大学四年已经过了一年半，再不想办法改变，我一辈子都得打十二块的工。"一个闺密给我这样留言，看到这个的时候只感觉醍醐灌顶，心里沉甸甸的。我很难过，因为我在学校旁边打一个小时五块钱的工。

于是连带着想起在微博看到的这个："去楼下喝粥。我隔壁桌的几个女人因为皮蛋瘦肉粥里没有肉和老板吵了起来。老板说瘦肉已经煮化了。'怎么就这碗化了，其他的怎么都没有？十二块钱就这么一碗你还偷工减料，你怎么好意思！'其中一个妇女越说越激动，竟然哭了起来。老板吓住了，表示可以送一碟小点心给她。一个年纪大点儿的给她递纸巾说：'小赵啊，一碗粥而已，不至于的。'她抹着眼泪儿说：'我不是哭这个，我难过的是已经三十多岁了，还因为一碗粥和人斤斤计较地吵了起来，这根本不是我想要的人生啊！我什么时候能不过这种日子啊！'整个二楼陷入了谜一般的安静。身后的服务员也沉默了。"

周末常常去哥哥的水果店帮忙，也因此见识了许多形形色色的人。每天傍晚来买烂掉的坏水果，一块钱一斤，然后还要还价到八毛的阿婆；因为两毛钱斤斤计较甚至爆粗口的阿姨；在买完水果称完以后总爱趁我不注意偷偷再塞几个同等价钱水果到袋子里的大姐，即使被发现了也不会不好意思，只是笑笑说不然你再称一下；拿一百块钱来买两瓶水，被发现是假钱之后放回其中一瓶水，然后拿出零钱说那我买一瓶就好了的大叔；很自以为是的喜欢很轻蔑地对我说两毛钱不用找了的年轻人。我想很久以前他们应该都是纯真善良的人吧，也和我一样对生活充满幻想，一样热爱每一个朝阳再起的明天，然后感叹生命真是美好。只是他们都不曾被时光温柔对待，变成如今沧桑世故的模样。人生因果，许是当初的少壮不努力吧，抑或是我的少年不知愁滋味……

昨天有一个中年男人来买水果，我找他两毛零钱，他伸手接过，再顺手丢回收银台给我，说我送你两毛钱。很是居高临下的口气，像是在宣告我们是不同层次的人。我微笑地说谢谢，然后把两个硬币放回抽屉。突然觉得这不是我想要的生活，但是如果不想办法改变，也就只能这样子了吧？好像一下就明白了生活不易。我不想等我中年要锱铢必较，为了三毛钱点头哈腰；不想买一瓶三块钱的可乐都要思考再三之后换成一块钱的康师傅；不想到花甲之年却只吃得起一块钱一斤的烂苹果。

哥哥把所有精力都砸到了水果店上。看到他发红的双眼，他说是太久没有睡一个好觉，生意不好，一颗心总是悬着。记得很多年以前，他对我说过这样一句话："我不想我以后连老婆孩子都养不起。"只觉得无尽心酸。时间把这样一个重担压到他身上，失败了别说老婆孩子，可能连明天的饭钱都会没了着落。学生年代，月月准时的生活费，我做不到感同身受。心有余而力不足是个残忍的词，我帮不上忙。但是如果我以后变得很厉害，我就可以帮忙分担了吧。我也希望我可以足够强大，强大到可以守护我所爱的人。

十年。十年以后我三十岁，听起来像是一个相夫教子的年纪。亦舒说：只有不愁生活的女人，才有权利自由选择丈夫。很多人会说，女孩子嘛，没有关系，不要多有能力，以后找个好男人嫁了也就吃穿不愁了。殊不知伸手向别人要钱是一件多痛苦的事情，安全感这种东西，要自己给的，才会稳妥。

喏，十年后的自己，我不希望你只能用十块钱的大宝、吃一块钱的苹果，不希望你要在爱情和金钱之间做所谓抉择。不要再明日复明日，所有关于明天开始努力的想法都是为了今天可以玩得没有负担，从现在开始，亲爱的，追梦不孤单。愿岁月无可回头。

我做不好的事情，却那么想要

多肉姑娘

写字的人太久不动笔就丧失了说话的能力，这大概与我最近严重不足的睡眠有关，而少眠会引起焦虑。

我和我妈有百分之八十的争吵来源于我的晚睡，然后战争上升到我为什么考不上好大学，再上升到未来别人阖家幸福，我还在漂泊的问题。最后指针轻描淡写地跳过凌晨一两点，吵到声嘶力竭的时候她去睡大觉，我蹲在墙角抱着电脑对着空白的文档发呆，心想一定要快点赚钱离开这里，然后慌张得指尖不停地颤抖，思维却清晰得要命，只能不停地灌啤酒忍受黑夜告诉我的很多事实。

比如无论多努力或是给自己多少力量，我还是做不好很多事，写不好栏目做不好兼职，负责的公众号关注量莫名其妙哗啦啦每天往下掉，这种自我否定的失败感足以击垮自己。

比如我不是乖孩子，通宵、念旧、赚很少的钱保证自己的温饱，我不会抽烟，但是晚上有酒我一定会喝完。

比如我学不会PS和摄影，日子久了几乎放弃了听课，在很多个深夜看电影，用慢得出奇的网做兼职，做着做着就觉得每天都在浪费时间，自己这辈子完蛋了。

比如在刚刚成年的日子里，觉得自己爱上了一个人。从班群里进他的空间，晚上失神做兼职听他在全民K歌里唱的一首首歌，粉丝已经涨到了一千多，每首歌都有人评论，和我形成鲜明的对比。

大部分人都是这样，分开后争先恐后表达着忘记了彼此，好像两个人从来没说过一句话，好像先放下忘记的那个人就是英雄，就光芒万丈，有最好的未来。

我从来不觉得自己是遇到了心事无人能说的人，可是唯独他我从来只字不提，因为代表不再喜欢一个人的标志就是不再提起他。

想念憋在心里要爆炸。

我的耳洞打了很久很久，久到我常常忘了它的存在，不疼不痒但我就是清楚它没好。

我没有任何办法让它完全愈合也不愿意把耳钉拔下来让伤口消失。

无锡有双层公交，我喜欢跑到第二层坐在窗口听歌，这时候很像站在山峰上，万物匍匐在脚下。我一个劲儿地想，改变不了的就坦然接受吧，比如熬夜时嫉妒的人、想念的人、焦躁到不行的事儿和写不出的字。